小さな会社の社長の勝ち方

PRESIDENTS WIN!

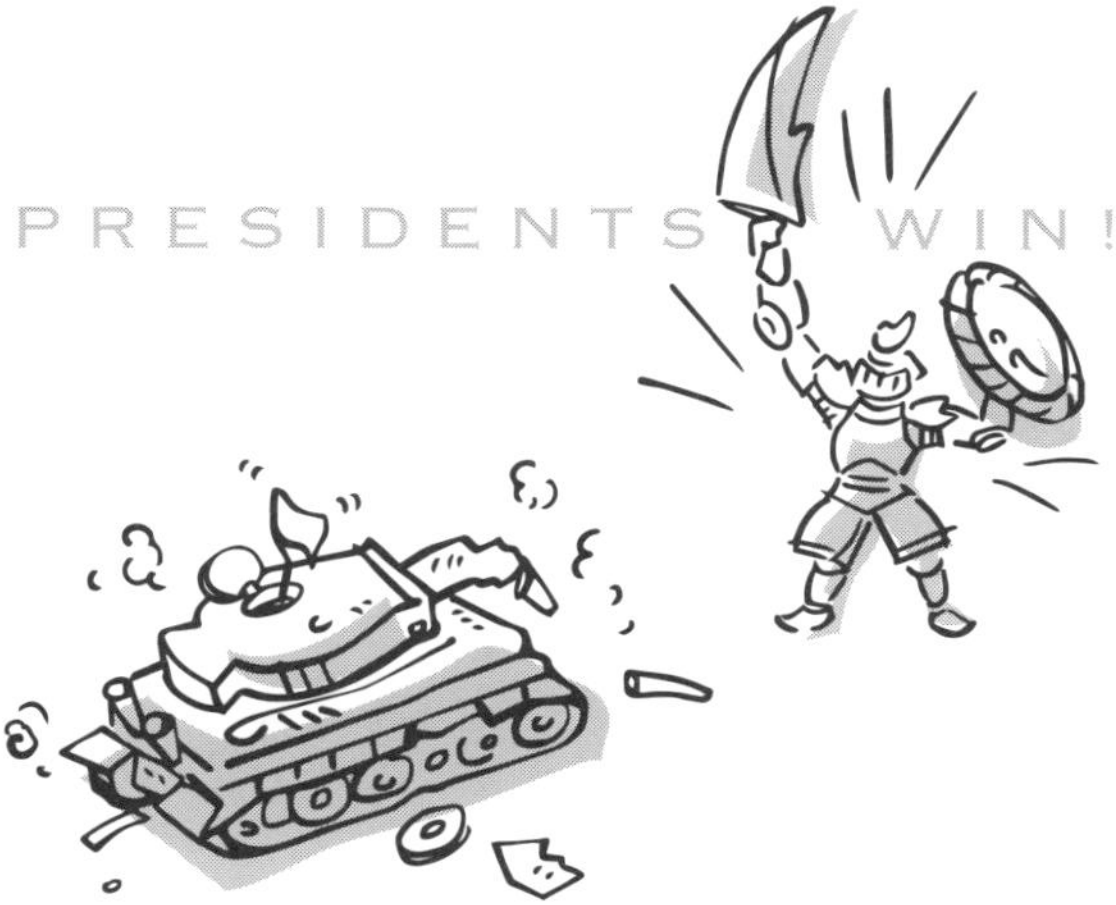

株式会社フリーウェイジャパン
代表取締役

井上 達也

Inoue Tatsuya

明日香出版社

はじめに

「困ったなぁ、もうどうしたらいいのか、わかんないよ」

会社を設立して四半世紀、こんなことが何回もありました。あなたも過去にこういう経験を何度もされたのではありませんか?

私は29歳で起業しました。その時に一番困ったのは「聞く人が誰もいない」ということでした。

前職のサラリーマン時代には困ったことがあっても、先輩や上司に聞いて指示に従えばよかったのですが、起業したらその手は使えません。会社を設立すると最終的な意思決定者が自分になります。失敗したら責任をとるのは自分です。トラブったら謝りに行くのも、お金を支払うのも自分です。

すみません、申し遅れました。私は株式会社フリーウェイジャパンの社長、井上と申します。コンサルタントでも作家でもありません。あなたと同じ経営者、社長です。

前著『小さな会社の社長の戦い方』がたくさん売れたおかげで当社の無料で使える会社経営ソフト、フリーウェイ給与計算、経理、販売管理、顧客管理、タイムレコーダー、などを利用する企業が激増し、ついに5万ユーザーを超えました（２０１５年3月現在）。

この場を借りて御礼申し上げます。ありがとうございました（スミマセン、前著をお読みの方しかわかりませんよね）。

とまぁそんなわけで、思いのほか評判が良かったので、続編を書くことになりました。

こう言うと身も蓋もありませんが、たいてい「2作目」は、「前作」の焼き直しだったり、クオリティが落ちると思われています。しかし、そう言われないために「前作」とちょっと違った切り口、人には聞きにくい会社経営の実践的なお話を具体的な事例をもとに書いてみました。

つまり本書は「誰も教えてくれない会社経営のお話」です。

0 はじめに

小さな会社と大きな会社では、経営の仕方がまるで違います。このことを身をもって経験した出来事があります。

今から30年以上前の話ですが、私は当時、高額なオフコンを販売するメーカーに在職していました。契約は現金の方もいらっしゃいましたがリース契約が主流です。そのためリース会社の担当者は私からの注文を心待ちにしています。

「井上さん是非、当リース会社に物件をまわしてくださいよ」

営業マンがしょっちゅう連絡をしてきます。当時、20代の私は「まっ、そうね。君んとこはいつも仕事早いから優先的にまわしてあげるよ」なーんて偉そうなことを言う奴でした。その後、同社を退社し起業しました。

起業して2、3年後、当時販売していたソフトウェアが売れ、リース契約が必要になりました。そこで昔なじみのリース会社に電話をしました。

「お久しぶり、井上です。いや1件リース契約してもらいたい物件があるんですけどね。ちょっと頼みますよ」

するとリース会社の担当者は「すみません。井上さんの会社は実績がないのでリース契約を引き受けられないんですよ」とのこと。

「えっ！　だってうちがリース料を支払うんじゃなくて、先方が支払うんだから先方の信用度の問題だよね」

「すみません。井上さんの会社がずっとあるかわからないですし、きちんとした商品を納品できるかもわかりません。トラブルになる可能性がある会社は全部ＮＧなんです」

なんだよ、会社辞めた途端に手のひら返しやがって。ああいいよ。リース会社なんていくらも付き合いあるんだから。そして違うリース会社に電話しました。

しかし、ここからも断られました。その後も十数社のリース会社に断られ続け、結局、知り合いに紹介してもらった家電系メーカーのＭリースがようやくリースを承諾してくれました。


実績のない会社、小さな会社はもうスタート時点で大きな会社とは待遇がまったく違うのです。大きな会社では当たり前のことは、小さな会社では当たり前ではないのです。小さな会社はどう行動したら良いのか、どう戦ったら良いのかを本書で学んでいただければ幸いです。

会社が小さくても必ず勝機はあります。

株式会社フリーウェイジャパン　代表取締役　井上達也

第3章 「大きな会社」に勝つための小さな会社の戦い方

第4章　もっともらしいことを疑う

第5章 本質をつかむ

第6章　大きな会社になるために

第7章　未来を予測して行動する

檄

カバーデザイン：神部 恵理

第1章

会社が潰れるのは「売れないから」だけじゃない

起業して四半世紀、その中で様々な会社の失敗例や倒産を見てきました。会社経営の失敗とか倒産と聞くと、どんなことを想像しますか？

「商品が売れないから？」

「利益が出ないから？」

それは間違いです。

売れないというのは販売方法の改善や事業転換をするという手段で対応できますし、利益が出ないというのはコスト削減や流通の見直し、社員の解雇など様々な方法があります。

実は会社の倒産というのは売れないとか利益が出ないという根源的なことではなく、むしろ突発的な出来事によるもののほうが多い気がします。

売れないだけなら誰にも迷惑をかけずにソフトランディング（？）できるのですが、突発的に起こる「事故」が二度と立ち上がれないような致命傷になる可能性はゼロではありません。知り合いの会社を巻きこんで共に倒産することもあるでしょう。

ではどんなことがあなたを危機に陥れるのでしょうか？

ルーズな社長とは取引をしない

社長として一番不向きなのが「普通のことができない人」です。仕事もプライベートもとにかくルーズで、だらしがない。だから社長どころか、本当ならサラリーマンも務まりません。

しかも、本人には自覚症状がないので、ややこしいことになります。「オレはやればできる人間だ。オレほどの人間になんでこんな仕事をやらせるんだ。よし起業して社長になって、みんなにオレの実力を見せつけてやる」なーんていう困った人です。

もちろん、起業したら人間の性格が突然変わるなんていうことはありません。「会社の税務申告が間に合わなかった。お金の振込が遅くなっちゃった。納品期限が過ぎちゃった」

こんなことを言う社長が経営している会社と取引をすると大変です。あなたはいつもお客様に謝ることになります。

ただ、こういう社長に限って、イヤに前向きなんです。「まぁいいか。次はちゃんとやろう」なーんて思います。だから反省もしない。そしてまた同じことが繰り返されます。

なぜこんなふうになってしまうのかというと、普通の人とは優先順位が違うからです。

今まで出会った社長の中にも、新聞に折り込み広告を入れたのに、問い合わせの電話が鳴ってもなぜか電話に出ない人、お客さんを紹介してもらったのに全然連絡をしない人もいます。理由を聞いてみると「他にやることがあったし、何かおっくうになっちゃって」と言っていました。

「えーっ、そんな社長いるの？」

そう思われたかもしれません。いやいやどうしてすごく多いんですよ。こういうだらしない人。知り合いの税理士に聞くと、こんな回答が返ってきました。

「そもそも会社をつくったけど何もやらない人、税金はおろか申告もしない人って結構いるんですよ。勢いで会社つくっちゃったけど何していいかわからなくなっちゃったというふざけた人もいました」

ルーズな人と仕事をするとあなたはあっちこっちに振り回されることになります。文句を言っても笑顔で「ごめんね。今度はちゃんとやるからさぁ」と言われ続けます。

こういう人と仕事をすると、せっかくこちらが支援しても無駄な時間とお金を使うことになりますし、納期が遅れて顧客に違約金を支払う羽目に陥るかもしれません。

むろんあなたの会社の信用は地に落ちます。いくら性格が良くても仕事ができてもこういうルーズな社長と仕事をするとロクな目には遭いません。「あっ、この社長はいい加減な人だな、ルーズな人だな」と思ったら取引を止めるべきです。

新しい取引先には細心の注意を

昔、当社に日債銀（現あおぞら銀行）の取締役だった人がいました。彼は常日頃からこんなことを言っていました。

「取引先の信用調査を念入りにやりなさい、場合によってはその会社の近所に行って評判を聞いてくることも重要だ」

それに対し、私はこのように返していました。

「うちみたいに小さな会社がそんな面倒なことをやってたら、お金も時間もかかるからムリですよ、倒産しちゃいますよ」

経験値を得た今となっては、彼の言っていたことがよくわかります。

会社経営がうまくいかないのは、あなた自身の経営の仕方が悪いのはもちろんです。

しかし、あなたの問題ではないこともあります。

会社が倒産する大きな原因のひとつは、取引先がお金を支払ってくれないということです。こういう会社と取引をしてしまうと大変です。特に仕入れのある場合には会社が大打撃を受けます。お金をもらえない上に、仕入先へは支払わなければなりません。こういう悪徳企業との取引は、一歩間違えると会社がすぐに倒産してしまうことを念頭に入れましょう。

「貴社のECサイトを丸ごと売って欲しい。300万円でどうだろうか」

昔、このように言われ、新規の取引先に販売したことがあります。知り合いからの紹介ということもあり、特に相手先を調べることもしませんでした。

そして、ECサイトを販売するに当たり、先方の社長から次の提案。

「お客様とのお金のやりとりはこちらで行うけれど、サイトの運営担当者が決まっていないので、それまでサイトの運営はそちらで継続して欲しい。代金の300万円は運営担当者が決まったらすぐに支払います」

まぁそういうこともあるだろうなと、その間はサポートを続けました。

しかし、いつまで経っても運営担当者が決まりません。むろんお金も支払われません。ECサイトでの売上金はその会社が受け取るのですが、支払先には「担当者がまだ決まっていないから」というへんな理由でお金を支払わないのです。支払先とは今までの付き合いもあるので、しかたなく当社でお金を建て替えて支払いました。

その後、私がいくら早くスタートして欲しいと言っても、「担当者が決まるまで」の一点張り。

結局、半年経っても同じ状況で進展がありません。仕方がないのでECサイトを閉鎖しました。最終的に300万円はもらえず、建て替えたお金は戻らず、ECサイトも失いました。

あなたもご存知のように、中小企業にはこうしたお金を支払わない会社がたくさんあります。

なかには、「文句があるなら訴えてください」と開き直る社長もいます。こういう人は、訴えられても平気です。恥ずかしげもなく裁判もします。裁判に負けて支払うことになったら値引きを要求します。彼らは最悪でも請求書通り支払えばよいと考えているのです。

ある会社にソフトを販売した時も、納品後いつまで経っても支払いがありません。そこで電話をすると「まだ使い始めていないから支払わない」とのこと。

「では、いつから使い始めるのでしょうか」と聞いても、

「おまえにそんなことを言う必要はない」

こんな風に電話を切られました。

たぶんあなたにもこういう経験がたくさんあると思います。社長には誰でもなれると前著で書きました。悪人でも社長になれるのです。

先ほどの日債銀の元取締役の話を思い出してください。新しい取引先には本当に注意しなければなりません。

「少しでも売上が欲しい」「今までの人間関係があってなかなか断れない」という気持ちはわかります。

ただ、あなたが一所懸命に頑張って稼いだお金を、彼らは笑顔で持ち去ってしまうのです。

だから取引する時には、まわりの評判、信用、相手会社の財務内容を常に確認することが重要です。

あなたのまわりには詐欺師がたくさんいる

詐欺のおかげで空中分解

私は詐欺にあった社長をたくさん知っています。詐欺というとTV番組でやっているような犯罪とからんだ悪質な詐欺などを思い浮かべるかもしれませんが、あなたを引っ掛ける詐欺は、微妙に合法的な詐欺（?）がほとんどです。

実例を紹介しましょう。

大学を卒業しお金をためて3人で起業した若手社長がいました。彼らはパソコンのメンテナンスがメインビジネスでしたが、パソコンの販売も細々とやっていました。

ある日、彼らの会社に「パソコンを3台購入したい」という電話が知らない会社からかかってきました。当時パソコンは20万円くらいでしたから合計60万円程です。彼らはお金を先に振りこんでくれるなら納品しますという条件でその注文を受けました。ほどなくして彼らの口座にはお金が振り込まれ、彼らはパソコンを納めました。

しばらくしてまたその会社から電話がありました。今度は10台です。これも先振込みならという条件で注文を受け、入金もきちんとされました。

そしてまたその会社から注文が来ました。しかし今度は30台でお金は納品後に支払うということでした。さすがに彼らもこれには「うーん」となり、どうするかみんなで相談することにしました。

「今までも大丈夫だったから平気じゃないの」

「いや用心したほうがいい。そうだ帝国データバンクで調べてみよう」

帝国データバンクに問い合わせをしてみると、堅実な会社で社歴も10年以上。評点も悪くありませんでした。

「じゃあ、注文受けようよ」

「いや一応、会社に行ってちゃんとした会社かどうか自分たちの目でたしかめてみようよ。実体のない幽霊会社という可能性もあるよ」

彼らはアポイントを取り3人でその会社へ訪問し、パソコンを注文してくれた若い部長さんにご挨拶をしました。社内には20人ほどの若手社員が、忙しく働いています。イキイキとしていてすごく活気がある会社です。

「これなら大丈夫じゃないの」

「そうだね。伸びてる会社っていう雰囲気だね。これならパソコンもどんどん必要になるし、今後もたくさん買ってくれそうだ」

こうしてパソコンをメーカーから仕入れて、その会社に納品。支払いは1ヵ月後でした。そして入金予定日になりました。

「あれっ、入金されてないよ。おかしいな、電話してみるよ」

「電話がずっと鳴りっぱなしなんだ。まずいな。会社に行ってみよう」

そして会社に到着。

扉には、

『倒産しました。お問い合わせは＊＊弁護士へドーゾ』

という張り紙が1枚。

3人は真っ青です。会社に戻り、帝国データバンクに「おたくで評点がいいっていう、会社に掛け売りでパソコンを売ったら倒産しちゃったよ」と文句の電話をしました。

すると、

「評点は調査した時点ですから、その後どうなのかは当社もわかりませんよ。ずっと会社の前に張りついているわけでもありませんし」

まぁ、たしかにその通り。

「他にも我々以外にこういう電話が、かかってきているんじゃないですか」

「はい、かなりかかってきています。計画倒産みたいですね」

「どんな会社がだまされたんですか。我々みたいなコンピュータとかシステム関連の会社なんですか」

「いいえ。ＩＴ系は御社だけです。他はウニとかイクラとか。あと宝石とかですね」

「えーっ、ウニやイクラですか。あの会社の社員たちは会社が倒産するのを知ってて、何でもかんでも高額なものを仕入れていたんですね。ひどい奴らだ」

「いいえ、そういうわけじゃないみたいですよ。あの会社にそもそも社員はいませんから」

「そんなバカな。20名くらいいましたよ」

「ああ、それは派遣社員ですね。今回、一番被害が大きかったのは派遣会社さんなんですよ。1千数百万円の被害だそうです」

そうです。あの人たちは正社員ではなく、派遣で働いていた人たちだったんです。部長も含めて。

その後、債権者集会が開かれ、資産を債権者で分けることになりましたが、彼らには結局、数千円のお金しか戻らなかったそうです。これが元で3人は喧嘩別れ。会社は空中分解してしまいました。

預金口座は分散する

次の話は別の事例です。

ある日、当社に売掛金差し押さえの通達が裁判所から来ました。内容を確認すると、知り合いの会社が9千万円の借金をして返済できないので銀行預金や売掛金を差し押さえますと書いてありました。ビックリしてその知り合いの会社の社長に通達の内容をメールするとしばらくして、

「またまたぁ、俺をビックリさせようと思って人が悪いなぁ。今度呑みに行きましょう！」

こんな脳天気な返信メールが来ました。そして1時間後。彼から電話がかかってきました。

「いや他の会社の社長たちからも大丈夫かという電話がたくさんかかってきました。マジすか。その通達を見せてもらえませんか」

彼から詳しい話を聞くとだいぶ悪質な話です。彼は売掛金数百万円の支払いを待ってもらっていたので、喫茶店で借用書を書かされたそうです。

その時、先方の社長に「正確な売掛金の金額は会社に帰らないとわからないから、金額を記載しない白紙の借用書にハンコを押しといて。あとで金額は書き入れるから」と言われて実印を押したそうです。

ちょっと怪しげな社長でしたが、よく呑みにも行き、十年来の付き合いなので信用

したんだそうです。

私はこれを聞き、憤慨して知り合いの弁護士に電話したところ、

「いや、こういうのを覆すのは難しいんですよ。井上さんのまわりにはこういうことに巻き込まれる会社が、今までなかったのかもしれませんけど、この手の詐欺はホントにたっくさんありますよ」

別にこの会社は、サラ金や商工ローンの会社ではありません。ネットで検索すると「専門商材、販促企画商品など集客、売上アップにつながる海外商品」と書いてある「フツー」のことをしている会社でした。

※その時、詐欺にあった社長に届いたメール。原文のまま。

CC:
件名：　○○社長へ

株式会社イ＊＊＊、Hです。
木曜日は３時で大丈夫ですか？
事前に確定ねがいます。
書類だけですので、こちらから伺います。
あと、現在お持ちの銀行口座と状況も教えてください。

書類：
会社謄本、印鑑証明　各２通
不動産登記簿コピー　１通
現在お持ちの全通帳コピー（口座名義が書いてある部分のみ）

宜しくお願いします。
がんばってください！

こういう詐欺をしている会社も通常は普通に会社経営をしているようです。

しかし、時として詐欺会社に変貌するのかもしれません。とにかく人を見る目を養うべきですし、変だなと思ったら慎重に行動することが重要です。

こういう詐欺から身を守るために、金融に関する情報はあまり表に出さないことです。サイトに銀行名や支店、銀行口座を詳細に記載している会社もありますが、こうした情報は安易にさらしてはいけません。そしていくつかの口座に資金を分散する必要があります。

こういう詐欺にあった場合、他に銀行口座がないと取引先から入金されたお金は全て詐欺会社に取られてしまいますし、取引先へ連絡して受取口座を変更するということもできません。小さな会社はこういう詐欺にあったらすぐに倒産に追い込まれてしまいます。

お金が人を変える

仕入先にすごく人の良い社長がいました。人の話に真摯に耳を傾け、アドバイスもしてくれましたし、無理なことをお願いしても何とかしてくれるという素晴らしい社長でした。

しかし、会社の業績が悪くなると突然、性格が変わりました。

最初は代金を先に支払って欲しいという要望でした。私はわかりましたと納品前にお金を支払いました。その後、どんどん資金繰りが悪くなってきたからでしょうか、「お金を早く、早く」ということが続き、挙句の果てに「次の商品の注文をしなければ、今、注文を頂いている商品はお渡しできません」と連絡がありました。

「でもそれはすでにお金を支払っているものですよね」と伝えると「たしかにお金は頂戴していますが、うちも大変なんです。だから次の発注をお願いします」とのこと。

お金が人を変えてしまうのです。

詐欺は販売先だけではなく、仕入先からも起こります。仕入先の経営状態を常に気にかけていないと商品は納品されず、お金も戻らないということが起こります。金額が大きくなれば、あなたの会社も一緒に倒産してしまう可能性さえあります。

「日本には法律があるから、裁判すれば良いんじゃないの。こっちの言い分が正しいんだったら絶対勝てるよね」という方もいらっしゃると思います。

残念ながら、裁判とはそんなに甘いものではありません。この話は後述します

社員が勝手にルールをつくる

社長業というのはなかなかバランスが難しい「職種」です。現場につきっきりでは社員が伸びませんし、会社も大きくなっていきません。

一方、ずっと高みから見つめているだけでは、社内で何が起こっているのか知ることが難しくなります。社員に権限移譲していかないと会社は伸びていきませんが、たまにチェックをしないと社員が勝手なことをしてしまっている場合もあります。

このへんのバランス感覚が社長業としての「妙」なのかもしれません。

当社の近所にチェーン店の中華料理屋があって味はなかなかのもの。しかも食べ放題・飲み放題で4千円という安さで毎月1回は通っていました。

しかしある日、「取り皿をください」というとお店のルールが変わっていました。中国人の店員がしきりに「お皿はひとり3枚まで」と言うのです。店内にもチラシにそんなことは書いてありません。たぶんお皿を洗うのが面倒だから社員が勝手にルールを決めちゃったんでしょうね。

社長は気づいていないと思いますが、社員がお客様とのルールを都合よく自分勝手に変更するというのは、よくあることなのです。

さいたま市営駐車場というところで、駐車料金として5千円札を出すと「おつりは渡しません」と言われました。管理人いわく「張り紙に書いてあるでしょ。おつりはありませんって」。言われてみれば、たしかに小さく壁に張り紙がしてありました。

とはいえ4千円も余分に払うのはおかしいと言うとしぶしぶお釣りを渡されました。公務員だから仕方ないのですが、今までこうして余分にもらったお金は自分のお小遣いになっているんでしょうね。

こういう話はいくらでもありますよね。あなたにも経験があると思います。

ここで、笑ってばかりはいられません。こういうことを自分の会社の社員がしていないと言いきれるでしょうか?

社員はミスしたことを上司の目から隠そうとします。とにかく楽をしたいという人もいるでしょう。その歪みはドコに向かうかというと「お客様」へと向かいます。

「最近、売上が落ちてきた。昔のお客さんが離れていった」

そんなことがあるなら一度、現場を直接見ることが重要です。あなたの社員が、お客様に自分勝手なルールを押しつけているのかもしれません。

常識が違う人とは戦わない

✕モンスターの急増

「最近、よくわからないクレームをつけてくるお客さんがいて困っています」と話す社長と会う機会が多くなってきました。

もちろん、昔から常識がない人はいました。常識がない人というのは困った人ではありますが、悪気があるわけではないので「まぁ仕方がない」という一面もあります。

しかし問題なのは、最近急増している「常識が違う人」です。よくＴＶで取り上げられる「モンスター」とは常識が違う人たちのことです。

「お店の中で騒ぐのはお客としての当然の権利。迷惑をかけたら土下座で謝れ！」

こうした「違う常識」を持った人が今すごく多くなってきています。前に満員電車で「混んでる電車内でスマホなんていじってるんじゃないよ！」という怒鳴り声が聞こえてきました。新聞を大きく広げて読んでいたなら怒るのもわかりますが、そこまで怒ることなのでしょうか。しかも怒鳴った彼は良いことをしたと満足気でした。

常識が違う人の困ったところは他人に自分の常識を押しつけたり、親切に（？）教えてあげようとする点です。このへんは常識がない人と違って非常に厄介です。自分は絶対に間違っていないという非常に強い信念を持っているからです。

あなたがいかにきちんと論理的に話をしたとしても聞く耳を持ちません。そもそも考え方のベースが違うのです。

クレーマーから社員を守る

高齢者から、暴力行為を受けたことがある病院の関係者は職員の半分以上という統計をＴＶで見ました。精神的な病気にかかっている人は１００人にひとりだそうです。

もう昔のように「クレームは宝物、お客様は神様です」なんていうことを言っていると、社員がどんどん疲弊してしまいます。社員を助けるためにも変なクレームを言うお客様、常識が違うお客様、やばそうなお客様は毅然とした態度でスパッと切るべきです。

また小さな会社の場合には、社員ではなく社長に直接クレームを言ってくるお客様もいると思います。いわゆる「社長を出せ」と言う人です。

こういう人を私は即座に切っています。社長に言えば何とかしてくれるだろうという姑息な考えも気に食わないですし、今後も何か問題があったら社長に直接言えばいいんだなという感覚を持たれるのも嫌だからです。また社員にはダメと言っておきながら直接お客様から連絡があると「まぁいいですよ。特別ですよ」なんていう譲歩をしたら社員はやる気がなくなってしまいます。

こういうクレーマーとは、何とか上手くやっていこうというのではなく、法的なことも含め、顧客リストから完全に消滅させることが必要です。

ある会社の社員が警察に捕まりました。なぜ捕まったのかというとポスティングです。郵便ポストにチラシを入れていたら突然、マンションの住人が木の影から飛び出してきて「おまえ、ポスティング禁止ってココに書いてあるだろ。警察につき出すからな」と腕をつかまれました。その社員はパトカーに乗せられて警察署に連れて行かれました。

ところが警察も大弱り。いったい何の罪なんだということのようです。彼はすぐに無罪放免となりましたが、こういう常識が違う人から社員を守ることがこれからの社長は必要だと思います。クレーマーとのトラブルは1銭のお金にもならず、時間が浪費され、社員も疲弊します。

少しでも売りたい、利益が欲しいというのはわかりますが、やばそうな場所、変な人がいるところ、トラブりそうな会社へ社員を行かせないように配慮してあげましょう。

お客様を攻撃するお客様もいる

ある会社のお客様相談室の方に、「最近はお客様を攻撃するお客様がいて困る」ということを聞きました。

昔はクレームや嫌がらせというのは商品やサービスを提供している会社に向かいましたが、最近は自分だけが良いサービスを受けたいとか自分のSNSの空間に気に食わない人を入れたくないと、他のお客様を攻撃してそこから排除するという困ったクレーマーが多くなってきたそうです。

ある会社ではクレーマーを排除しようと訴えましたが、裁判が終わるまでに2年間もかかった上に、その間もクレーマーから様々な方法で攻撃され、売上の被害がかなり出たそうです。

最近はフェイスブックでこっそりと友だちになり、その後いやがらせをメッセージで送る、書き込みをするといったクレーマーもいるそうです。今後は優良なお客様を守るためのしくみもつくる必要がありそうです。米国の「テロには屈しない」ではありませんが、小さな会社はクレーマーの言いなりになってはいけません。

会社経営は短期決戦ではない

マージンは経費なの

当社があるソフトウェアの販売代理店をやっていた時のことです。契約内容は、販売時の手数料とバージョンアップ時の継続マージンです。広告を出したり、訪問営業したりと様々な形で営業をしたため当初はあまり売れませんが、数年後やっと軌道に乗り、継続マージンは年間、数百万円になりました。

ある日のこと、そのメーカーの女性社長から突然、電話がかかってきました。

「こんにちは井上さん、お久しぶりです」

「いえ、こちらこそご無沙汰しております。今まであまり売れませんでしたが、やっと製品名も浸透してきたのか、最近は順調に売れています。ところで、社長自らなんでしょうか。新製品でも出すんでしょうか」

「実は、そちらにお支払いしている継続マージンなんですけど、もういいかなって思って」

「えっ、もういいかなって何でしょうか」

「もう継続マージンは支払わないことにしたんです。これからはうちの会社自身で売りますから」

また、ある飲食コンサルティング会社の女性役員（事実上のトップ）からはこんなメールが来ました。

「広告やＦＡＸＤＭなど無料で出してもらったり、業界紙に載せていただいたり本当にお世話になりました。お陰様で何とか軌道に乗りそうです。とはいえ、まだまだ収益的にきついので、そちらにお支払いする契約時のマージンの支払いを止めたいと思っているんですが、いかがでしょうか」

たまにいるのですが、お金をたくさん使って広告宣伝し、営業マンを育て、セミナーを行い、そろそろやっと利益になりそうかなという時点で、この手の連絡をしてくる人がいます。特に女性社長からはこの手の連絡を今までいくつも頂きました。

男性と女性のお金に対する意識の違いについて書かれている本を読んだことがあり

ます。それによると男性は売上を重視し、女性は経費を重視するとのことでした。マージンを経費と見られたら、たまらないのですが。

ところで先ほどのお話に戻ります。私はこの手の連絡が来るといつもこう言います。

「ええ、もちろんOKですよ。がんばってくださいね」

男性とか女性とかの問題ではなく、こういうことを一度でも口にする人間と一緒に商売ができるはずはありません。もう二度とお付き合いしたくないですから、素直に言うことを聞いて円満解決します。こんな社長と付き合っていて良いことは一切ありませんし、会社経営がうまくいくはずもありません。

ちなみに先のメーカーは、数年後に倒産しました。飲食コンサルタントの方はもう連絡もとれない状況です。お互いにメリットを出しあいながら共存していくという感覚があれば、もっと伸びると思うのですが本当に残念です。

ビジネスをしていると、このように突然縁が切れるということが往々にしてあります。ですから会社の根幹にかかわるような仕事は、慎重にパートナーを選ぶことが必要です。「この人、虫がいい人だな」と思ったら深入りは禁物です。もし一緒にやらざるを得ない状況ならば「やっぱり止めます」と突然、言われても良いように前もって準備しておくことをお勧めします。

交渉の意味とは

社長の中には交渉できない人というか、交渉の意味がわかっていない人がいます。たとえばこんな感じです。

「実はうち、社員をかなり増やしたんです」

「そうですか。それはおめでとうございます。どんどん売上を増やしていけそうですね」

「ええ、そうなんです。そこでちょっと交渉したいことがありまして」

「えっ、どんなことでしょうか」

「今、お支払いしているマージンを減らしていただけないかと。結構、人件費がかさんでしまいそうなので」

いやいや、これは交渉ではありません。これはおねだりと言います。交渉とは、「私が持っているみかん1個とあなたが持っているリンゴ3個を交換していただけないでしょうか。そのかわり、うまく行った時にはみかん10個を差し上げます」ということです。つまり「今はあなたに損させますが、将来あなたに得させてあげます」というのが交渉なんです。

また、一度決まった話でも、後から条件を変えようとする人がいます。ある会社の社長から社員教育DVDを3掛けで卸すので、販売してくれる会社はありませんかと聞かれました。そこで知り合いの販売会社を紹介してあげました。ある日のこと、販売会社の社長から電話がかかってきました。

「井上さん、あの会社の社長から突然やっぱり7掛けにしますと一方的に連絡があったんです。困りましたよ。これじゃあチラシもサイトもつくったのに儲かるどころか赤字ですよ。うちの代理店さんからも怒られちゃって大変です」

もともとの条件ですでにスタートしているので、まわりの人は大弱りです。

社長というのは対外的に一度でも口にしたことは死んでも守らなければなりません。「スミマセン、前のお話はなしにしてください。やっぱりこれでお願いします」と私に連絡してくる社長もいますが、これは社長としては絶対にやってはいけないことだと思います。損しようが何だろうが一度でも社長が対外的に口にした言葉は死んでも守る。これが社長としてのルールです。

美しさに頼らない

美しすぎる市議など政治家にはとにかく美人が多いです。これは女性社長にも当てはまります。とにかく美人の社長は多い。そして、美人は何かと「おトク」です。美しい女性社長には男性社長が寄ってきて様々な支援をしてくれます。「タダ」で事務所を貸してくれたり、広告をしてくれたり、紹介をしてくれたりします。呑み代はもちろん無料です。

とはいえ、社長業が政治家やアイドルのように、中身より人気が重要な商売なら問題ありませんが、会社の経営は違います。最終的には男も女も関係なくなります。

常に最前線で営業をするならば、美人というのは大変有利です。商品も順調に売れていきます。いろいろな人が販売を助けてくれるというのもあるでしょう。

ところが、会社が大きくなってくると、常に現場に出ているわけには行きません。ここからは商品やサービスの勝負になります。すると突然、売れなくなるのです。今まではたとえ多少、商品やサービスが良くなくても、売り方が悪くてもそこそこ売れてきたのですが、営業の最前線から社長が引っ込んだ途端に売れなくなります。そして結局、倒産してしまいます。

美人が悪いわけではありません。むしろ、美人というのは強力な武器です。ですからまずそれを活かして勢い良くスタートダッシュをし、その後、優れた人材を揃え、きちんと商品力で勝負できるように準備しておくと良いと思います。会社経営は短期決戦ではありません。長期的に売れる仕組みをつくっておきたいものです。

イメージは自分のため

ある社長が美容院を起業するということでした。私はどこでお店を出されるんでしょうかとお聞きすると東京の有楽町とのこと。私は「僭越ですが、お店を出すなら地方都市、千葉県や埼玉県の地方都市か都下あたりの住宅地がたくさんある所のほうが集客しやすいのではありませんか」とお話ししました。

そのとたん突然、社長は不機嫌になりました。

「井上さんは美容院の事が全然わかってない。女性はみんなきらびやかな都会で髪をセットしたいのよ。私の美容院をそんな田舎の美容院と一緒にしないで」

すみません、業界のことを全然知らないくせによけいなことを言いましてと丁重にお詫びをしました。

数年後、その社長の美容院は倒産しました。結局、きらびやかな都会でお店をしたかったのは、お客さんのためではなく「自分のため」だったんですね。仕方がないことなのかもしれませんが、失敗する社長の多くは、店の場所や仕事のイメージにすごくこだわります。人に聞かれた時に「カッコいい」と言われたいからなのでしょう。

むしろ、儲かれば会社の場所とか仕事なんて、どうでもいいという人が成功している気がします。ベンチャー企業でお金がないのに、賃料の高い渋谷や青山、赤坂あたりに会社を構える人は、しばらくすると会社がなくなってしまうことが多いように感じます。設立当初、かっこいい場所、おしゃれな地域にお店や会社を出したい気持ちはわかりますが、まずは収益をあげられる場所、賃料の安い地域で軌道に乗るまでは辛抱が必要ではないでしょうか。

とはいえ、広告関連やデザイン会社のように、「夢を売るビジネス」の場合にはイメージは大切です。むしろ広告宣伝費としてイメージの良い場所に会社をつくることは良いことだと思います。

船長は沈没前に乗組員をボートで逃すのが役目

「会社の利益が上がらない、むしろ下がっている。今年も赤字だ」という会社は多いでしょう。

そこで社長はどうするかという判断が求められます。「社員とともに心をひとつにして一丸となり営業する。コストを削減する方法を考える」という人もいるでしょう。

それは間違いではありません。

ただし、小さな会社は3期赤字が続いたら、かなり大変な状況に追い込まれます。ですからもし赤字が続いたら、社員を解雇する必要があります。

「彼らにも生活がある、今まで一緒に頑張ってきた」

わかります。しかし会社が生き残るには大幅なコストダウン、つまり社員を減らすということも考えなければなりません。

・ずっと赤字でもギリギリまで頑張る
↓

・社長はもちろん、社員も朝から晩まで薄給で頑張り続ける
↓
・健闘むなしく結局、倒産……

こんなことになったら社員も大変です。突然、給与がなくなり、ハローワークで職探しをすることになります。社員は心の準備も何もなく突然、放り出されるわけです。

会社がずっと赤字なのに、社長の意地とプライドで社員を解雇しないでいると、お互いが不幸になりかねません。みんなにいい顔をしたい気持ちはわかります。

しかし、心を鬼にして解雇を言い渡す勇気を持ちましょう。会社という船が沈没し全員が溺れ死ぬということを避けるのは、船長である社長の責任です。早めに社員をボートで逃がしてあげるのが社長としての本当の愛だと思います。

Column

いろいろな人にアドバイスをする理由

私は年間を通して、たくさんの社長と会います。その時に僭越ながらとアドバイスをしたり、アイデアを出してあげることもあります。それならと知り合いを紹介してあげたりすることもあります。コンサルタントではありませんから、もちろんお金は頂いていません（お酒を奢ってもらうことはありますけど）。

人から「そういうアイデアがあるなら自分でやってもいいんじゃない」と言われることもありますが、別にアイデアなんていくらでも出てきますし、コンピュータ会社というスタンスは崩したくないのでやらないだけです。

では、私はそんな1銭にもならないことをなぜやっているのでしょうか？

それは会社経営とは共存共栄が大切だと知ったからです。

ものすごく儲かっている会社が数年後にはどん底に陥ってしまったなんていう状況を何回も見ています。時代の寵児と持ち上げられ、その後いなくなってしまった社長を何人も知っています。未来永劫ずっと商売が上手くいくなんていうことは絶対にないのです。

だから私のアドバイスで助けられるものなら助けてあげたいですし、逆に私がダメになった時には助けてもらいたいのです。私ももうダメだという時に何回もいろいろな人から助けられました。

私はアドバイスをした会社の社長にいつも言うことがあります。それは「もし私がホームレスになって、橋の下で暮らしているのを見たら、おにぎりを投げてあげてください」と言っています。半分冗談ですが、半分は本気です。会社経営というのはずっと順調に行くかどうかなんて誰もわかりません。

だから自分だけが儲かれば良いと考えてはいけないのです。まわりの人にも仕事を分けてあげる、自分のノウハウを教えてあげる。できることがあればやってあげる。そうすればいつかあなたが困った時に誰かが必ず手を差し伸ばしてくれるはずです。

第2章

会社を危うくする「誘惑」に打ち勝つ

会社を経営しているといろいろな誘惑に遭遇しますよね。どれも魅力的な誘惑ばかりです。

しかし、私は誘惑に負けて会社が倒産してしまった社長を何人も知っています。今からお話しする様々な誘惑に対して、あなたには毅然とした態度でＮＯと言って欲しいと思います。本章では社長を惑わす誘惑についてお話しします。

慢心の誘惑

成功に終わりはない

経営コンサルタントの本を読むと、当初はマーケティングや会社経営について、「なるほど！」と思うことが書かれているのですが、著書を何冊か出していくうちにだんだんおかしな方向へ行ってしまうことが多いように感じます。

どうも一定の成功を収めると霊とか気とか運命とか我々とは違う世界に行っちゃうんでしょうね。たぶん発展途上の我々にはわからないスゴイものが見えてくるんだと思います。

会社の経営者も同じで、ある程度の成功を収めると、今まで何でもあり、イケイケどんどんだった社長が突然、人類愛に目覚めたのか、社会貢献とか人の幸せ、人生哲学を語る人に変身する気がします。

・最近は、社員も喜んで仕事をしているようだ
・うちの会社もなかなか良い会社になってきた
・もう自分は成功したと言えるんじゃないか

正直言って、こんなふうに思ったらもう社長としては終わりかなと感じます。自画自賛したり、会社が成功したからこれからは社会貢献したいなどとおごり高ぶった時に、会社はどんどん下降して行きます。

「昔は大変だった、苦労もかけたけど社員も今はみな喜んでいるだろう。会社も立派になった」

なーんて思っているのは社長だけです。とんでもないひとりよがりです。

「今までひどい会社だったけど、最近やっと普通の会社になったよ。やれやれまっ

たく」

社員はこんな程度にしか思っていません。

社長とは常に様々なことを心配したり、まわりの出来事にビクビクしながら、それでも死ぬまで走り続ける人なんだと思います。もし少しでも心の平安を求めるならばスグに社長を辞めるべきです。

・もっとお客様に喜んでもらえることはないか
・今の商品をどう改良したら良いか
・たくさん売るにはどんな方法やルートがあるか
・社員が働きやすい環境とはどういうものなのか

考えなければならないことはいくらでもあります。自画自賛なんてしているヒマはないのです。

私は自分の子供たちにお父さんの仕事は何なのと聞かれると「お父さんはパソコンショップで働いているんだ。だからパソコンに詳しいんだよ」と小さい頃からずっと言い続けていています。親しい友人以外には私が社長だとは伝えていません。ウソは良くないですし、隠す必要もないのですが、「私、会社経営しているんです。社長です」なんて言うと、何か自慢しているように聞こえるのが嫌なんです。

「俺は今、クラブを3つ経営しているんだ。もし良かったらみんなにVIPルーム提供するぜ」

一方、同窓会に出ると、こんなことを言う奴もいます。女子(おばさんかな。失礼!)たちは「まぁ素敵」なーんて目を輝かせています。私はそういうことをすらすら言える奴に羨ましさと同時に、いやらしさも感じてしまうんです。

社長とは常にバッターボックスに立ち、人の目を気にせずバットをビュンビュン振り続ける人なんだと思います。

ソフトバンクの孫さんは、お金持ちでしょうし大成功を収めた人だと思いますが、いまだに一か八かの勝負をしています。

空振りを恐れずに、これでもかこれでもかと何度もバットを振り続ける人、何度倒れても立ち上がる人。それが社長なんだと思います。

頭が良い人は腐るほどいる

私は本書で著書は10冊目になります。社長向けなのは本書と前著の2冊だけで、後は税理士向けのマーケティングの本や金融の本です。

こう書くとスゴイなぁと思われるかもしれませんが、正直言って大した人ではありません（本音で）。頭の良い人はホントにたっくさんいます。

ある時、知り合いの税理士から面白い行政書士の人がいるから紹介するよと言われ会いに行きました。彼は、普段着にサンダルを履いた20代の若者です。「おいおい人に会うのにそのカッコはないだろう」と思いましたが、そのまま喫茶店へ。特に目的があったわけではないので、ビジネスの話はほとんどなく雑談です。

「実はタウンページ2冊の広告を全部読んだんだ。ところで、どんな業種の広告が多かったと思う」

私は年齢差もあり、少し上から目線で彼に質問したのです。

「んー、引っ越しセンターかなぁ」

と彼は答えました。

私が得意気に「ざんねーん、違います」と返すと、彼はすぐ「じゃあ探偵ですね」

と言いました。

当たりです。私はあの厚いタウンページを2冊読んで初めて探偵の広告が一番多いということを知りました。しかし彼はあっさりと2回目の解答で言い当てました。

その時、スゴイ時代になったなぁと思いました。経営者としてこういう頭の良い人が登場する時代になったのかと感じました。

その後、彼は成功したようです。たまたま最近観たTVに出演していて、TVで彼は年収3億5千万円になったと話していました。この人は、金森重樹という人ですが、著書も多いのでご存じの方もいるでしょう。彼の言葉で面白かったのが「井上さん、日本で行政書士は僕1人でいいと思っているんですよね」という言葉です。

東大、京大の学生は毎年、約5500人卒業します。ですから60歳以下の東大・京大の卒業生は20万人もいるのです(全部が全部、頭が良いかはなんとも言えませんが)。武道館で10回コンサートができます。

自分はスゴイとか頭が良いとか思ったら社長としては最後です。残念ながら、あなたより頭の良い人はたくさんいるんです。

信念の誘惑

日本では一本スジの通った男とかブレない人、信念を持った人というのは褒め言葉で使われることが多いのですが、会社経営においてそういう人は果たして成功するのでしょうか？

私なんかはもういつもブレブレで社員に怒られたりすることもあります。

何かブレない人ってかっこ良く聞こえますが、会社経営では昨日の正解が、今日の不正解であることはよくある話です。長く会社をやっていると自分の会社の事業がいつのまにか斜陽産業になってしまうこともありますし、社会環境の変化で事業転換の必要に迫られることもあります。

だから「俺は社員を絶対に解雇しない」なんていう変な（？）信念を持ち続けると会社がなくなってしまうこともあります。

また、やりたくないことがあると「俺の信念に反する」なんていうへんな言い訳をしてやらない人もいます。

「俺は嫌いな奴に頭を下げてまで仕事をする気はない」

何かカッコいいように聞こえますが、私は少々疑問に感じてしまいます。信念とかブレないというのは、自分は不正なことはしないとか困っている人を助けるといった人間の生き方としては持つべきですし、素晴らしいと思います。

しかし、こと会社経営においてはブレる・ブレないは、さほど重要ではないように感じます。経営の局面では柔軟に対応しないとなりません。その時に信念にとらわれすぎないことも重要なのです。

節税の誘惑

セコイ社長に人望なし

「節税するために4ドアの中古のベンツを買おうかと思います」

何かの本で得た知識だそうで、こんなことを言う社長がいます。そもそも論ですが、なんで会社のお金でベンツを買う必要があるのか、私には理解できません。

会社のお金で自分のものを買うセコイ社長を社員はじっと見ています。こんなセコイ社長を見て、社員たちはどう思うでしょうか?

「会社の利益をテメエのことに使ってんじゃねえよ。私腹を肥やすセコイ社長のために働くなんて馬鹿らしいな」

私が社員ならこう思うでしょう。必要もないものを買い、たかだか数十万円の節税のために社員は皆やる気をなくしてしまうのです。

社長というのは会社の王様、何でもできるのです。だからこそ自分を律する心を持たなければなりません。

私のまわりにも福利厚生と称して、会社名義でクルーザーやフェラーリ、別荘を買う人もいます。社宅と称して自宅まで買っちゃう社長もいます。

ある会社の社長は社員を集めて、

「みんな知っているように、会社の業績がすごく下がっています。なので今回、ボーナスはありません」

と発表しました。社員も会社の業績が悪いのを知っているので、しかたがないなぁとあきらめ顔です。

そして数週間後、会社の駐車場には社長の新車のポルシェが置かれていました。社員のボーナスをカットし、会社名義で「自分のポルシェ」を買ったわけです。

もちろん社員たちはがっかりです。それから業績が上がったという話を聞きません。

そもそも、ズルいことをするセコイ社長の下で働いて楽しい人なんていません。節税という名目であっても、社長がセコイことやズルいことをすればするほど社員のやる気はどんどんなくなり、売上に響きます。

そして、おそらくそんな会社が嫌になり辞める社員も出てくるでしょう。また求人しなければなりませんから求人広告費がかかりますし、さらに新人に仕事を覚えさせる時間やコストもかかります。

社長が節税した分なんて軽く吹き飛んでしまいますよね。だからこういうセコイ節税には何も良いことがないのです。

最後に蛇足ですが、税務署は「4ドアの車なら経費になります」と言っているわけではありません。4ドアの軽乗用車でも否認されることはあります。

逆に会社で必要とするものなら、2ドアのベンツだろうがロールスロイスだろうが何でも経費にはできます。要は、会社で購入すべき正当な理由があるかないかということです。

税金を払わないと倒産する確率が高まる

なるべく税金を支払いたくないという社長がいます。たしかに税金をたくさん支払っても頭の悪い政治家がくだらないことに使ってしまったり、仕事もしないような公務員の給与になるなら、税金なんて支払いたくないという気持ちはわかります。

ただし、会社のために自分のために税金は支払うべきなんです。現金がたくさん手元に残る節税というのはほとんどありません。通常は物を買った時の経費などでの節税が主になると思いますが、こういうことを続けていくと現金が会社に残らなくなるのです。

会社が倒産する原因のほとんどは現金がなくなることです。利益が出なくても倒産はしませんが、現金がなくなると利益がいくら出ていても会社は倒産してしまうのです。大きな会社が何期か赤字であっても倒産しないのは現金が豊富にあるからです。中小企業なら3期程度の赤字でアウトです。

では会社に現金を残す方法はどうしたらよいのでしょうか?

そうです。税金を支払うことなんです。もちろん赤字なのに無理やり黒字にして税金を支払うことはありません。会社は黒字の時に貯金し、赤字の時にそれを使うのです。会社経営は未来永劫ずっとうまくいくものではありません。山あり谷ありです。だから万一の時、会社が倒産しないために税金を支払って貯金することは大変重要なのです。

税理士でもこのへんがよくわかっていない人がたまにいます。節税すると社長が喜ぶと思ってギリギリの節税をする人もいます。

しかしその節税で多くの会社が倒産しているのが現実です。税金を支払うのは日本のためではなく、自分のため、会社の保険と考えてみたらどうでしょうか。

妻のお金の誘惑

お金持ちには3つのパターンがあります。

・自分で稼いでお金持ちになったというパターン
・実の親がお金持ちというパターン
・義理の親がお金持ちというパターン

1つ目の自分で稼いでお金持ちになった人は、身銭を切りお金の苦労を乗り越えて成功を勝ち取ったお金持ちですからお金の使い方には慎重、悪く言うとケチな人です。

また、2つ目の実の親がお金持ちという人は、お金持ちの親と一緒にいることである種の帝王学というかお金の使い方、人との付き合い方を小さい頃から学んでいます。金持ちのボンボン息子と言われることもありますが、ボンボン息子を侮ってはいけません。見た目よりちゃんとしている人も多いのです。

さて、問題なのは、3つ目の義理の親がお金持ちというパターン。男性で言うと奥さんの親がお金持ちという場合です。

一例をあげましょう。

会社を経営したものの長い間、あまりパッとしない社長がいました。ところが突然、羽振りがよくなり会社がどんどん大きくなっていきました。本社も地方都市から東京の高層ビルに引越ししました。

なぜ突然、会社が変わったのかを社員に聞いてみると、奥さんの父親が亡くなり突然、社長は資産家になったということでした。

自宅も今まで住んでいた小さなマンションを引き払い、億ションへと変わっていきました。付き合う人も上流になり、ファッションも高級ブランドに変わりました。昔、付き合っていた人や先輩とは、上から目線で話すようになり古くからの友人たちはみな遠ざかりました。

そして結局どうなったか。会社は人手に渡りました。自分で稼いでお金持ちになった人ならばお金との付き合い方を知っています。実の親がお金持ちの人ならば上流階級の人との付き合い方を小さな頃から見ています。

一方、たなからぼた餅でお金持ちになった人、「妻のお金でお金持ち」になった人はどちらの素養も身につけていません。また、たとえ成功したとしても他人のお金で成り上がった人を誰も評価はしてくれません。

私の友人で奥さんがお金持ちの人がいます。彼が夜、帰宅すると夕食にすごく高そうな霜降りのステーキが出てきました。彼は奥さんに「この肉はどうしたの」と聞きました。すると実は奥さんの父親がコレ食べなさいとこの肉を持ってきてくれたそうです。彼は奥さんに「オレのお金で買えないようなものは、もうもらわないでくれ」と言ったそうです。

私は、「まぁ肉ぐらいもらったっていいんじゃないの」と言いましたが、彼はすごく落胆していました。親から援助してもらうということは彼にとっては屈辱的なことだったのです。

もちろん彼は今、成功しています。経営者は安易なお金に手を出さないストイックな人間でないと成功しないのです。いくら成功しても「所詮、奥さんのお金だろ」と一生言い続けられるだけです。

全国展開の誘惑

飛び回る人に利益なし

世の中にはスゴク移動する社長がいます。とにかく全国各地を動き回ります。

「実はこれから札幌で打ち合わせで、その後とんぼ返りで東京でミーティング。明日は朝一で博多なんだ。来月はアメリカで行われる見本市に行かなければならない。いやぁもう忙しくて忙しくて」

これを聞いてスゴイなぁ大活躍しているなぁと思う方もいるかと思いますが、実はこの手の社長は大抵儲かっていません。全国各地を飛び回り忙しく移動していると何となく自分が素晴らしい仕事をしている気になるのかもしれません。穿った見方をすると、スゴイ仕事をしているように人に見せかけたいだけなのかもしれません。

とにかくこの手の「動き回る人」で儲かっている人に私は会ったことがありません。人に振り回されているというより、自分で勝手にコマのように回っているんです。

「そうですか。是非よろしくお願いいたします。では今から行きます。どこへでも行きます」

お客様も「まぁ別に来てくれるなら話は聞いてあげてもいいよ」、こんな感じなんでしょうね。見込み客とは程遠い状態です。

以前、日本中を飛び回っている社長に「前にお会いした時に言っていた大企業とのビッグな取引話はどうなったんですか」と聞くと、「いやぁ、あの話は途中で流れました」、こんなことがほとんどです。

移動時間というのはビジネスの「休憩時間」なんです。1日のほとんどが休憩ですから儲かるはずがありません。全国を飛び回ってペイする人というのは単価が超高いコンサルタントや予備校の人気講師だけなんです。

足場を固める

こんな風に全国を駆けまわる社長は少ないかもしれませんが、商品の販売を全国で行うということは我々もついやってしまいます。

「売上がもっと欲しい。今の地域だけでなく全国で販売すればもっと売れるだろうな」

こんな気持ちはわかります。私も会社を設立した当初は全国でソフトを販売していました。社員は私ひとりだけという状況でしたが、主に通信販売なので全国に販売しても問題ないと思ったのです。

しかし広告を出してみると、実際に見てみたい、操作で困ったことがあるんだけどという問い合わせになかなか答えることができませんでした。また遠方の会社からは「遠方だと購入した後、何かあった時にサポートをきちんとしてくれないのではないか」という不安もあり、手間の割に販売数もあまり伸びませんでした。もちろん、全国各地へのDMや印刷費の負担も大変です。

そこで私は、全国販売から東京から名古屋までの地域に絞り込み販売するということにしました。すると口コミも多くなり販売数も伸び、お客様への対応もスムーズになりました。

販売地域が広ければ広いほど売れるというのは幻想です。狭い地域で成功しないものは、広げたとしてもコストと利益が相殺して結局プラスマイナスゼロになることが多いものです。まずは一定の地域、特定のニッチなマーケットに絞って販売し成功を収め、その後、全国展開を考えてみたらいかがでしょうか。

みんなで起業の誘惑

会社の生存率はあまり気にしない

前著で10年倒産せずに残る会社は6・3%と書きました。この数字を見て「そうか。会社を経営してもほとんどがなくなるんだな。起業するのはやめておこうかなぁ」と考えてしまった方も多かったかもしれません。

ちょっと待ってください。勘違いさせてしまったかもしれません。ごめんなさい。

・いくら面接を受けてもサラリーマンとして採用されない人

・人から指図されるのが嫌いな人
・自分は人よりも優れた人間なんだと勘違いしている人

こういうそもそも社長になってはいけないような人が、社長という種族には相当数混じっています。社長になろうなんて考える奴は、そもそも変わり者、普通とは違う奴なんです。だから、もし普通の感覚を持った人ばかりが社長になれば、この数字、会社の生存率はだいぶ変わってくると思います。

「そうだったのか。じゃあ起業してみようかな。でも自分ひとりだと心配だから友人や先輩、自分の奥さんと起業をしようかな……」

さてさてそれは正解なのでしょうか。

さぁみんなで一緒に会社を立ち上げよう

会社を経営する時に、知り合いや仲間に声をかけて一緒に起業しようとする人がいます。

ごめんなさい。もうこの時点でアウトです。会社経営というのは仲間やグループではできないものなのです。

会社をつくる時に、何となく不安にかられたり、この人のこんなスキルを活かせたらいいなといろんな人を集めて起業する人がいますが、いつか必ず意見の食い違いが起こり会社は破綻します。設立当初、勢いのあるうちは良いでしょう。毎日、仲間との楽しい日々が続きます。

しかしその後、だんだん現実が見えて来ます。そして喧嘩が始まり、会社は分裂していくのです。私の知る限り、仲間や知り合いと一緒に起業して今も仲間で会社経営を続けている会社は一社もありません。

兄弟や親子でさえ喧嘩別れしてしまうのが会社経営、意思決定です。あるレストランチェーンでは、創業者の親父さんが社長をしていた時は、兄弟仲良くやっていましたが、親父さんがなくなった途端に兄弟で意見が対立しました。結局、喧嘩別れし会社を2つに分けました。

またある会社は、兄弟喧嘩で分社した後も、喧嘩が続き、ついには街宣車で相手の店の嫌がらせをするというところまで発展していきました。

血を分けた兄弟ですらこの有様です。ましてや友達や仲間と一緒にやっていけるわけがありません。

一緒に起業するということはパートナーです。だからお金も仕事も苦しみも半分ずつと考えるわけです。

しかし、たいてい人のやることは気に喰わないわけです。

「オレはこんなに頑張っているのに、あいつはのんびりしてやがる。それなのにお金は半分ずつかよ。お前も少しは手伝えよ。売上が上がらないのはアイツのせいだ。もっとスゴイやつだと思っていたのに……」

こうして会社は分裂していくのです。

会社経営は山あり谷ありです。経営がうまくいっている時は良いのですが、悪くなってくると人のせい、つまりパートナーのせいにしてしまうのです。一方、パートナーの方も同様に感じている場合も多いのです。そこで喧嘩になり、さよならとなります。

ある人は高校の友だちと起業しましたが、仕事のことで喧嘩し会社は解散しました。その後、高校の同窓会が何回か行われたそうですが、お互いに顔を合わせたくないため、1年おきにかわりばんこに出席しているそうです。

起業するということは心細いと思いますし、不安だとは思いますが、それを乗り越えひとりで会社を立ち上げなければなりません。それが会社経営なんです。起業後にはもっとひどい荒波が何回もあなたを襲うはずです。ひとりで起業できないような弱虫はそもそも社長には不向きだと思います。

親族と起業する

会社内に息子や娘、二代目という名の「部下」がいるというのはまだ良いのですが、奥さんや叔父さんのように、自分と「同列」になってしまう親族を会社に入れると会社経営はかなり厄介なことになります。会社経営の舵取りはＴＯＰ「ひとり」が決めることです。

しかし、横から「ああしたほうがよい。オレは絶対に反対だ」と社長に直言する親族がいると意思決定がしづらくなり、メンタル的にもすごく負担になってきます。会社経営に会社経営とは関係ない要素、親族が入ってくるのは絶対に避けなければなりません。出来が悪ければ社員ならクビにすることもできますが、親族だとそう簡単にはいきません。会社の株を持っていることもあるでしょう。私の知り合いでも会社に親族を入れたおかげで、親族間で喧嘩になり、挙句の果てに訴訟合戦が起こりました。

その結果、会社が倒産しそうになったという例もあります。

社員愛の誘惑

社員を信頼しても溺愛してはいけない

苦楽を共にした社員はかわいいもの。あんな時にあいつはよくやってくれたなぁ。あの時にあいつがいなかったら大変なことになるところだった。だからあなたも社員を信頼しているんですよね。痛いほどわかります。

でも一言。社員をいくら信頼しても良いですが、溺愛してはいけないということです。

私の知り合いでどんどん売上が下がってしまった社長がいました。営業マンが全然売れなくなってしまったのです。社長は社員たちのために朝から晩まで頑張りました。でも売上は下がっていきます。数千万円あった貯金は全部、社員の給与になりました。それでも足りないので、外車もマンションも売りました。地方のアパートに引っ越しもしました。

しかし、ついに資金は底をつき彼は会社を廃業しました。

会社を廃業して数ヵ月後、その社長のアパートに営業マンだった元社員がやって来ました。

「おう、久しぶり。頑張っているか」

社長は部屋の中に招きました。すると元社員は開口一番。

「いいえ結構です。ところで僕の最後の月の給与が支払われていないんですが、払ってもらえますか」

社員はオレのことをわかってくれていると思い、社員のためにすっからかんになるまで頑張った社長は落胆しました。その後、社長は人間不信になってしまい、今はひとりで仕事をしています。

こういう社員を雇ってしまった社長にも問題があるのかもしれませんが、社員はわかってくれないのです。会社がなくなってしまったのは自分が売れないせいではないのです。

「自分は言われたとおりに頑張った。毎日遅刻もせずにきちんと出社した。だからお金をもらう権利がある」

こんな感じでしょう。社長が頑張ったとか、貯金を取り崩したなんていうことは、自分とはまったく関係ないことなのです。

社員を信頼するのは良いと思いますし、仕事以外でも強いキヅナを結ぶのも良いと思います。しかし社員を溺愛してはいけないのです。

継続の誘惑

電車に乗っているといつもあのアナウンスが流れます。

「優先席付近では携帯電話の電源をお切りください。それ以外の場所ではマナーモードに設定し……」

昔は、「ペースメーカーなどに影響を及ぼす恐れがありますので、優先席付近では電源をお切りください」でしたよね。現行のスマホがペースメーカーに影響を与えないことがわかってしまったので、このペースメーカーの文言がなくなってしまったのですが、依然として携帯電話の電源をお切りくださいというメッセージは流れ続けています。ちなみに私の従兄弟は心臓にペースメーカーを入れていますがスマホを持ってます（笑）。

では、このメッセージはなぜいまだに流れているのか。たぶん特に意味はないんでしょうね。今までやっていたから何となくメッセージを流し続けているだけです。これが継続の誘惑です。

あなたの会社でも習慣的にやっていることで、ほとんど効果のないことをしていませんか。なんか無駄な気がするけどとりあえずやっている仕事。

・あまり利用していないけど契約しているサービス
・意味のない会議
・ほとんど読まれていないブログやメールマガジン

何か止めてしまうのは心配なのはわかりますが、意味のないことはスパッと止めてしまうべきです。小さな会社が大きな会社と同じなのは時間だけです。この時間を有効活用するために無駄な仕事、効果が薄い仕事はやめてしまうべきだと思います。

情報収集の誘惑

会社経営は数字で把握しろという人がいます。これはこれで正しいのですが、行き過ぎた数字管理は全く無意味です。ある上場企業の経営管理のシステムをつくってい る時に社長から紙1枚で会社の状態がわかるものをつくりたいという要望が出ました。

そこで各部署の部長や取締役が何回も会議を開いたようで、会社経営に必要な数値や項目がリストアップされました。私はそれを見て「正直言って意味ないですよ。こんなもの誰も見ませんよ」とお伝えしました。なぜなら、彼らから提出された項目を1枚の紙で表現しようとすると、なんと縦横2メートルくらいの紙が必要になるからです。ツイスターゲーム（古かったかしら）みたいに大きな紙を見て会社の状態を知るなんて言うものは、そもそも実用性がありません。

ある会社では、人事管理システムで社員の父親、母親の名前や年齢や血液型はもちろん、祖父や子供の情報まで隈なくインプットしている会社がありました。なぜそんなことをしているのかお聞きすると、デキる社員の傾向をつかみたいためだと言っていました。

またある会社では20年前の顧客データを管理していました。顧客データに載っている会社がまだあるのかどうか、住所が変更されているかどうかなんてまるで興味はありません。とにかく管理したいんですね。情報というのは、本当にピンポイントなものだけを残し、不要なものは捨てるということをしないと情報という名の「ゴミ」に埋もれてしまい本当に重要なことが何なのか、わからなくなってしまいます。

経営者仲間の誘惑

ある大きな会社の息子さんの話です。彼は私の知り合いの会社に入社しました。親父さんの会社が倒産してしまい仕方なく転職をしたのだそうです。ボンボン息子なんだろうなと思っていましたが、話をして見るとなかなかきちんとした好青年です。

彼との打ち合わせが終わった時のことです。

私「では呑みに行きましょうか」

彼「すみません、行かなければならない所がありまして。出ないわけには行かないんですよ」
私「それでは仕方ないですね。では次回にしましょうか。ところでそんなに重要な所ってどこなんですか」
彼「ＪＣ（青年会議所）のミーティングに出席しなければならないんです」
私「えっ、だって、もう親父さんの会社なくなっちゃったんだし、もうサラリーマンなんだから、もうＪＣを辞めちゃったほうがいいんじゃないんですか」
彼「ＪＣの重要なポストについているので行かないとダメなんです……」

私なら会社が倒産しちゃったらそんなミーティングに出ること自体が恥ずかしいですし、逆に会合に倒産した会社の人が来ていたらまわりの人も痛々しくて見ていられない気がするのですが、彼はどうも平気みたいです。
創業者にはほとんどいませんが、二代目にはこういう本末転倒な人もいます。私なら会社が倒産してしまったら新しい職場で、とにかくとことん頑張る。朝から晩まで働いてお金を稼ぐ。そしていつかは会社の再建を目指すんですが……。

失敗する社長はとにかく仕事以外が忙しそうです。慈善事業という名のゴルフコンペやボーリング大会、意味不明な経営者の交流会などにどんどん顔を出します。

「こういう経営者の集まりから新しい仕事がみつかるんだよ」

なんて言い訳をする人もいますが、烏合の衆からは何も生まれません。会社に関係ないことは、全て仕事ではないということを頭に入れておくべきだと思います。

裁判の誘惑

✖裁判は損

頻繁に訴えられているコンサルティング会社の社長がいます。社員からはセクハラ行為や給与の未払い、企業からは売掛金の踏み倒しなどで度々訴えられています。だから裁判慣れしているのでしょうか、少しでも気に入らないことがあると言いがかりをつけて様々な企業を訴えています。むろんこういう社長とは付き合ってはいけないのですが、最近は訴えるとか訴えられるということをよく聞くようになりました。

あなたも事業をやっていて理不尽なことを押し付けられたり、売掛金を踏み倒されたということがあったと思います。

しかし、「では裁判だ。訴えてやる！」というのはよく考えてからにしたほうが良いでしょう。なぜなら裁判は割にあわないものだからです。相手を訴えるには裁判費用や弁護士費用がかかる上、裁判資料をまとめる手間、弁護士との打ち合わせや裁判所に行く時間も必要です。また裁判は1回では終わりませんから何回も同じようなことを繰り返すことになります。

民事裁判では常に和解が求められますから、最終的に訴えた金額を先方から満額支払ってもらえるわけでもありません。その上、結審しあなたが勝訴したとしても相手が払うかどうかは別の話です。私の知り合いで、裁判には勝ったものの結局、相手から1銭もお金をもらえなかったということを聞いたこともあります。

小さな会社にはお金はもちろんヒマもありません。請求額が多額ではない場合、小さな会社は泣き寝入りしたほうが賢明です。裁判に勝っても会社が倒産してしまったら何にもなりません。

たとえば請求額が1000万円以下だと裁判してもあまりメリットがないと思います。請求額が1000万円だとしても、相手と300万円程度で和解、弁護士へ何割か成功報酬を支払います。

ほら、ほとんどお金が残りませんよね。この他にも弁護士への着手金や、裁判資料の作成、裁判している時間などを考えたら請求額が1000万円程度だと馬鹿らしいことになりそうです。

高額な請求額なら有力な弁護士に依頼する

もし高額な請求金額で訴えるのであれば、ツテをたどって有力な弁護士に依頼します。有力な弁護士の費用は高いですが、裁判にならず、和解ができる場合も多く、実質的に勝訴することができます。弁護士の世界はあまり詳しくありませんが、人から聞いた話ですと、何やら力関係で決まることもあるそうです。

ちょっとグレーな話ですが、ある小さな会社が世界的な超大企業を訴えました。社長はツテをたどって国内有数の有名弁護士を紹介してもらい相談をしました。弁護士は「んーなるほどね。ところで社長はいくらぐらい欲しいの。4千万円くらいね。じゃあ相手に2億円を支払えと内容証明送るね。ちなみに、ぼくの弁護士費用は6千万円ね」。弁護士費用が6千万円ととんでもなく高いことと何かトータルの数字が合わないなぁと思いながら社長は帰社しました。

数日後、弁護士から「1億円で和解した」と連絡があったそうです。どういう経緯をたどったかと言うと、有力な弁護士は先方の弁護士を呼び出して会議室で打ち合わせ。どういう会話が行われたかは定かではありませんが、相手の弁護士にもメンツがあるので1億円は値引きさせたという「花」を持たせての和解らしいです。

弁護士というのは、自分も相手の弁護士も裁判は面倒だし時間がかかるものなので極力、避けたいようです。相手の会社としても裁判というのはブランドイメージが下がりますからやりたくないということもあるようです。ちなみに、有力な弁護士というのはお金がたくさんもらえる高額な訴訟しかやらないそうなので、相手への請求金額が安い裁判は、普通の弁護士に依頼するということになりそうです。

訴えられたら必ず弁護士を頼む

訴えられてもうちは悪くないし、弁護士費用も高いから自分でやるという社長もいますが、これは止めたほうが賢明です。相手が弁護士を立てて訴えてきた場合には、こちらも必ず弁護士を立てましょう。裁判というのは本当に「水モノ」です。絶対に自分は悪くないと思っていても、裁判官がどう思うかどうかは微妙なのです。全ては裁判官に委ねられています。

たとえば、我々はよく契約書の最後に「甲及び乙は、本契約に基づくすべての紛争は、＊＊地方裁判所を第一審の専属的合意管轄裁判所とする。」なんて書きますが、これも裁判官の考え方で変わります。

では当社が実際に関わった裁判のお話をしましょう。十数年前、当社はある地方都市の会社から訴えられたことがあります。裁判と言っても、とにかく理不尽で言いがかりも甚だしいものだったので、「こんな裁判に負けるはずがないし、弁護士を頼んだらお金もかかる。馬鹿らしいなぁ」と私は弁護士を立てませんでした。また利用契約書には、東京地方裁判所を第一審の専属的合意管轄裁判所と書いてありますから、「裁判は東京で行われるのだから会社からすぐに行けるし」と軽く考えていました。

ところが「全国にシステムを販売している会社なんだから、地方で訴えられるということも想定しているはず。こちらまで来なさい」という連絡が裁判所から来ました。新幹線を使っても往復4時間以上かかります。とはいえ裁判所に「そっちに行くのは嫌です」と言うわけにも行かず渋々、その地方都市の裁判所へ行きました。

裁判はすぐに終わると思っていましたが、さにあらず結局、裁判所へ何回も往復することになりました。しかも、いつのまにか論点がどんどんずれて行き、全然違う方向に話が進んでいきました。その時に、裁判というのは正しいことを主張したからといって必ず勝てるとは限らないということを知りました。ですから訴えられたら、訴えられそうになったらプロつまり弁護士に頼むのが賢明です。

先ほどの当社の裁判は結局、裁判官の粋な計らいで、訴えられた当社が先方から交通費などを支払ってもらい和解となりました。

後にも先にも裁判はこれっきりですが、何回も裁判所へ行き、たくさんの資料をつくったりしなければなりません。仕事中に裁判のことを考えてしまいイライラしたり、仕事に集中できなかったりと散々です。正直、本当に疲れました。

サラリーマンおじいさんの誘惑

様々な会合やパーティに行くとかならずいるのが大物のおじいさん。大企業の元部長や金融機関の役員をしていた人、つまりサラリーマンの頂点に立ったおじいさんたちです。前に、会場でいばっているおじいさんがいました。私は「もしかすると有力な会社の社長かも」と思い名刺交換をしてみると何のことはない。個人で、何となくコンサルタントをやっている人でした。

「そうか、井上くんはソフトウェアメーカーか。僕はねぇN◯Cで事業開発部長をしていたんだよ。部下はクラウドのシステムをずっと研究していたし、官僚もたくさん知っているよ。君に彼らを一度紹介してやろう」

おじいさんたちが多い会合では、こういう話をよくされるんですが、たいていその後は音沙汰なしになります。起業当時はこういう素晴らしい人、天上人（？）から話しかけられ、すごく嬉しかったのですが、結局何の役にも立ちませんでしたし、勉強にもなりませんでした。

やはり大企業だろうが何だろうが、サラリーマンだった人はサラリーマン程度の感覚なんです。アドバイスにしても話が大きすぎて、大きな会社ならともかく、我々のような小さな会社では先方に話さえ聞いてもらえないようなことばかりです。

おじいさんたちは輝いていた現役時代の夢からまだ醒めていないんですね。現実は、部下にしても、社外の人脈にしても退社とともに全てなくなり、アポイントも取れなくなっています。悲しいかな、過去の栄光にすがり、昔の肩書だけで生きている亡霊みたいな人たちなんです。

知り合いから聞いた話ですが、ある日地域の自治会でおじいさん同士の喧嘩が起こったそうです。

「おまえ何言ってんだ！　俺は全日○の役員だったんだぞ」

「そっちこそ間違っている！　俺は新日○の本部長だったんだぞ」

どっちの肩書が偉いのかわかりませんが、もう勘弁してくださいという感じですよね。高齢化が進み、マンションの管理組合や大学の校友会、地域のイベントなどたくさんの場所でおじいさんたちは暗躍し、組織を私物化し、私利私欲に走り、自分勝手なルールでまわりの人たちを苦しめています。

とはいえ、おじいさんが全部悪いわけじゃありません。経営者なら80歳でもちゃんとした人はたくさんいます。サラリーマンはいくつになってもサラリーマン的な上下の感覚しかないんです。

こういう人の話をまともに聞いて会社がおかしなことになってしまった人を何人か

知っています。あなたもサラリーマンおじいさんには注意が必要です。

おしゃれの誘惑

年間を通して様々な経営者に会いますが、たまにいるのが「変な服装をしている人」です。デザイナーとかアパレル関係の人ならまだわかるのですが、普通の会社の社長なのに、奇妙なブレザーとか誰も着ないような派手な服を着て、やけに尖った靴なんかを履いてます。会社の社員なら「その服装、変だよね」と誰かが注意するんでしょうが、社長に社員はその服、変ですとは言いません。社長は誰からも言われないのでさらに変な服装になってきます。

「スゴイ社長なんだぞ、俺はみんなとは違うんだ」と自分で言いたいのはわかりますが、外国ならともかく日本では単なる変な人です。銀行や大きな会社ではこういう人は危険人物と見なされますから商売にも影響します。

私が知るかぎり成功している社長でこういう変な服装の人はひとりもいません。成功している社長は服なんてどうでもいい、近所のデパートでたまたま買ったスーツ、プレゼントでもらった時計など、服装には無頓着な人が多い気がします。

私も起業してからずっと古いスーツを着続け、たしか新しく買ったのは創業後10年後くらい経った頃だと思います。お金がなかったということもありますが、良い服を買うことと売上が伸びることには相関関係がなかったからです。「そんなお金があるなら1軒でも多くDMを出そう、きれいなチラシをつくろう」とか、そういう方向にしか思考が働きませんでした。

今はまぁそれなりの服を来てますが、特別なものでなく通販で安かったから買った服です。おしゃれなのは良いことだと思いますがTPOを考えて、それなりの服装、普通の服を着たほうが無難です。服装で売上が伸びるわけではありません。

また、たまにいるのが、アンバランスな持ち物を身につけている人です。小さな会社の社長なのに金のローレックスなどをはめている人がいます。こういう人も見ていて痛々しい。サラリーマンなら高価なものを身につけていても良いと思いますが、小さな会社でビルも汚い、事務所内も儲かっていない雰囲気なのに、社長だけが高価なものを身につけていると、なんか無理しているのかな、見栄っ張りな人なのかなと思われてしまいます。

そして昔、儲かっていた社長だと「あの頃はすごかったんだろうけどね」と痛々しいなと思われます。いずれにせよ良いことはありません。見た目より中身が重要なのです。実力がついてくれば、変な服を着なくても、高価なものを身につけなくてもまわりの人には自然にわかるものです。

小銭の誘惑

創業者というのは毎日毎日お金に苦労して会社を経営してきた人。だから大抵の人はケチなのですが、常識を超えた「ケチな人」もいます。自分に対しては大盤振る舞い。しかし社員には給与以外のお金は1円でも支払いたくないという人がいます。

「社員には給与を払っているんだから、残りの会社の金は全部オレの金だ」

こんな公私混同が甚だしい人もいます。

こういう会社では社長と社員の間がギスギスしてきます。お金に苦労してきたのはわかりますし、常識の範囲内での経費削減というのは、会社経営では重要なことです。

ただ、やり過ぎると社員は社長をただのセコイ奴だと思うでしょう。外部の人に対しては、ケチでも良いと思いますが、社員は仲間なのですから、もっと潤いを持って接してあげるべきだと思います。

たとえば、お菓子やおみやげを内勤者にたまに買ってあげても良いでしょう。外勤者は外で美味しいものを食べられますが、内勤者はいつも会社の近所のお店のお菓子しか食べられません。

ですからどこかに行った時、遠方でなくても近所でもいいんです。何か美味しそうなものがあったら買ってきてあげるんです。何万円もするものを買ってあげるわけではありませんよね。たかだか千円、2千円です。

これで社内が円滑になり、社長は「ケチでセコイ人」から「ケチだけど良い人（?）」に変身するのです。お金はもちろん自腹です。領収書なんかを経理に渡したらあなたの信用は地に落ちます。「なんだ、会社のお金でおみやげ買ったのか」となります。

話はそれますが、ある大企業の社長が総務の人に「社用車をこの人に名義変更して」と頼みました。総務担当者は名義変更する人の名前を見てビックリ。元社員で社長の愛人の名前だったのです。この話は千人の社員に即座に伝わりました。社員たちの情報網は光よりも早いのです。

「社長は年収1億円以上もあるんだから、愛人に新車くらい買ってあげろよ。セコイ社長だなぁ」

社員たちはみんな大笑い。「社長がケチというのは仕方がない」というか必須の条件ではありますが、ケチもほどほどにしたほうが賢明のようです。

品揃えの誘惑

人間とは弱いもので売れなくなると広い地域で販売したり、多くのお客さんのニーズに応えたいと品揃えを多くしたりします。

ある日、日本マイコン（現　弥生）という会計ソフトメーカーの社長が当社に遊びに来た時のことです。日本マイコンは当社より大きな会社ではありますが、ソフトのラインナップは弥生会計と弥生給与しかありませんでした。

しかし、当社は他社からＯＥＭ供給を受けていたため、会計から税務まで全てを揃えていました。社長が訪れると私は自慢気に「当社はお客様のニーズに答えられるように、業務用システムのラインナップを多数取り揃えてあります」と総合カタログをお見せしました。

するとと社長はこう言うのです。

「井上さんね、これだけのものを売るだけの人員やサービスの体制はどうしているの。営業マンの教育も必要だよね。ＯＥＭといったってお客様からのファーストコールは受けなければならない。お客様からの質問や問い合わせだって多岐にわたるよ。こう言っちゃなんだけど商品をもっと絞り込んで、特定のシステムに集中して販売しないと売上は伸びても利益が出なくなるよ」

たしかにメインのソフト以外はほとんど売れていません。単に見栄を張っていただけです。会社を大きく見せるために、多くのラインナップを取り揃えていますとお客様に言いたかっただけなのです。

私は社長の言葉を聞き、即座に他社からのＯＥＭ販売を止め、ソフトを会計ソフトだけに絞り込み販売することにしました。

アップセル（以前売ったものより上級グレードのものやサービスを顧客に販売すること）と違い、今のお客さんにもっと違うものを売る、つまりクロスセルで販売を伸ばすというのはなかなか難しいことです。

たしかに売上は伸びますが、微々たる売上にしかなりません。営業力があちこちに分散し、現在の主力製品まで売れなくなることもあります。

お客様にがっかりさせないように品揃えを多くしたい、ロングテールで販売を伸ばしたいという気持ちはわかりますが、前著でも書いたとおり、小さな会社は特化した単品で勝負することが重要なのです。

雇用の誘惑

ある社長からこんな電話がかかってきました。

「井上さん、会社を設立した時はどうなるかと思ったけど、おかげさまでお客様も増えて、仕事も順調になってきた。だからそろそろ社員を雇おうと思っているんだけどうかな」

「社長、年間いくらぐらい営業利益が出ているんですか」

お聞きすると「1千万円くらいかな」というお答えでした。私は「ならダメです。バイトを少しだけ雇うなら良いですが社員を雇ってはダメです」と返答しました。

以前、コピー機を販売している社長が人を雇いたいということで、相談にのる機会がありました。

私「社長、コピー機って今、5年リースで月いくらぐらいですか」

社長「そうですね、安いものだと月額1万円ちょっとですね」

私「そうですか社長、人をひとり雇うということは月30万円のリース、つまり5年リースなら総額1800万円のコピー機を買うのと同じ話なんですよ。それでも人を雇いますか」

人を雇うということは給与の他に、社会保険料もかかります。交通費もかかります。パソコンも机も必要。自宅というわけには行きませんからオフィスを借りる必要があります。男性も女性も雇うならトイレは別にしなければなりません。

ですから社員をひとり雇うのならば、社長1人の力で、まずは1300万円の営業利益を稼ぐことが必要です。

社員を雇うと給与や賞与も含め、なんだかんだで年間400万円は必要です。社長の給与を500万円にすると、1300万円マイナス900万円。つまり残りは400万円しかありません。この残りの400万円でオフィスを借り、チラシや広告を出したり営業をしなければなりません。

かなりギリギリだと思いませんか。今は赤字でも社員を雇ったら売上が上げるから……という社長がいるかもしれませんが、それは幻想です。社員を雇う時は、「社員を雇ったにもかかわらず全然売上が上がらなくても会社がやっていける」というのが大前提です。社長が売れない商品は社員も売ることはできません。バックヤードの仕事で人を雇うならば、そもそも売上は上がりません。

ひとりで仕事をしていると忙しいなぁ、人を雇いたいなぁと思うことがあると思います。心細いから仲間が欲しいということもあるでしょう。

しかし、少し我慢してください。人を雇う前にまず外注に頼んでみてはいかがでしょうか。「今は社会保険が高くなったから、社会保険料の社員負担、会社負担を合わせると3割近くなってしまう。これなら外注に消費税を支払ったほうがずっと得だよ」という社長もいました。人を雇うのは最後の手段と考えてみてください。

禁止の誘惑

ある賃貸マンションでのお話です。今、マンションの自治会では家庭内での焼き肉を禁止しようという会議が行われているそうです。

そのマンションでは最初、ベランダでの喫煙が禁止されたそうです。窓を開けた時にタバコの匂いがすると嫌だからという住民からの苦情が理由です。次に、ベランダで布団を干すことが禁止されました。布団を叩くと埃がまうからです。埃にはダニの死骸やカビもふくまれているので健康に悪いと言う人がいました。その後、焼き魚も禁止されました。排気口がマンションの通路にあるので魚臭いとのこと。そして最初にお話しした焼き肉が次のターゲットとなりました。

とにかく今の日本は禁止ブーム。何でもかんでも禁止にします。最近聞かれなくなったのが「お互い様」という言葉です。人のやることはすべて気に食わないという人がどんどん増えています。

ちなみに、そのマンションの話の続きですが、保育所の建設が住民の反対で中止になったそうです。子どもたちの声が聞こえたらうるさくて暮らせないそうです。住宅街にコンサート会場が建設されるなら、まぁまだ何となく反対する人の気持ちもわかりますが、かわいい小さな子どもたちの声まで騒音になってしまいました。

我々、社長としては何でもかんでも禁止にしてしまったほうが、正直言って管理はだいぶ楽になります。コストを削減できることもあります。

しかし、我々の目的は儲けることです。お客様の声を聞くことも重要ですが、他のお客様の不便さも同時に理解しなければなりません。一部の常識が違う人の意見を取り入れてしまったために、商売がうまく行かなくなってしまうことさえあります。

先ほどのマンションのお話に戻りますが、結局多くの人たちはあきれて、このマンションから出て行ってしまったそうです。儲けを阻害するようなお客様こそ、すぐに排除すべきだと思います。

お金の誘惑

会社経営とはお金儲けです。社会貢献でもないし、日本を良くすることでもない。ではお金が儲かれば何でも良いのでしょうか?

大手のあるペットショップでは、売れ残った犬や猫をどんどん殺傷処分しています。子犬や子猫のうちは売れるけれど、大きくなったら売れなくなりますよね。ごはんも食べるし注射も必要。だから全部殺しちゃう。動物愛護協会の人が何回抗議に行っても聞く耳は持たない。社員もうすうす気づいているけど会社の方針なので従わざるをえない。

先進国で動物を平気で殺すのは日本だけ（熊本県を除く）です。こういう行為は、日本の法律では犯罪ではありません。

しかし、会社経営にも最低限のルールがあります。それは人間としてやってはいけないことは、いくらお金になったとしてもやってはいけないということです。

私の知り合いで怪しげなファンドをつくり、儲けている人がいました。彼は父親が自己破産し子供の頃から貧乏でした。だから彼はどんなことをしてでもお金儲けをして成功したかったのです。私は彼に言いました。

「いくら儲けても、まわりの人は君のことを尊敬はしないよ。あいつはまた悪いことをやって儲けているだけだ。人間のクズだと。みんなに胸を張って俺はこういう仕事をしているんだと言える商売じゃないと君は一生、人から馬鹿にされて生きることになるよ」

今、彼は怪しげなファンドを止めてまっとうな商売をしています。もちろんすごく儲かっています。まわりの人からもあいつはやっぱりスゴイなぁと尊敬されています。

お客様をだまして怪しい商品を売ったり、悪いとは思っているけど儲かるグレーな仕事、役所との癒着や談合。お金が欲しいのはわかりますが、人間としてやってはいけないことで儲けるというのは、やはり人間としてダメなのです。

自殺の誘惑

今は順風満帆な社長であっても何回も倒産の危機にあったことがあるそうです。もちろん私も何十回も経験しています。起業当時は資金繰りに困り、毎月倒産しそうな状態でした。

昔、自動車関連商品を売っていた経営者3人がホテルの一室で首を吊ったというニュースを見たこともあります。3人は融通手形を発行しぐるぐる支払いを廻しあい、もうどうにもならないというところまで追い込まれて自殺しました。最後に3人はみんなで牛丼を食べてから首を吊って死んだそうです。こういう自殺をする人を「頑張ったんだね。可哀想に」という人もいますが、私はそうは思いません。

自殺なんてする人は単にプライドが高いだけ、カッコつけているだけの大馬鹿野郎です。会社なんて単なる器にしかすぎないのです。苦しかったら会社を止めればよいのです。そして再起を目指せばよいのです。

この本を読んでいる社長の中にも「もうダメだ。自殺しよう」という人がいるかもしれません。死ぬ前に考えてみてください。あなたの家族はあなたが亡くなったおかげで借金が消えた、保険金がもらえたと喜ぶでしょうか?

自己破産して家が貧乏になっても、たとえどんな職業になっても家族はあなたが生きていることが一番嬉しいことなのです。

2 会社を危うくする「誘惑」に打ち勝つ

私は四半世紀、会社を経営して気づいたことがあります。

それは「死ぬほど大変なことなんてひとつもない」ということです。

まずあなたの悩みをひとつひとつ紙に書いてみてください。ひとつひとつは大したことがないのではありませんか。

「あの会社がお金を払ってくれない」

「明日振り込むお金がない」

「社員が言うことを全然聞かない」

「お客さんに損害を与えてしまった。訴えられるかもしれない」

「明日、社員に解雇を伝えなければならない」

このひとつひとつに回答を書いてみてください。回答のない問いはありません。

「相手に謝る、会社を倒産させる、弁護士に相談する……」

悩みというのは不安な要素が、グルグル頭のなかを行き来するから起こるのです。

ひとつひとつに回答していけば、大したことはひとつもないのです。会社経営でどんな失敗をしてもあなたの命まで取られるわけではありません。

「生きる」。そして何度でも「挑戦する」。それが経営者なのです。

Column

情がなかなか難しい

実はこの章に「情の誘惑」を書いていたんですが、コラムに移動しました。情というのは全部ダメかというとそういうことでもないからです。

会社経営で一番ヤバイのが人情というものです。

「ダメなやつだけどかわいそう、後輩だから何とかしてあげたい、頑張っているから支援してあげたい」

会社が上手くいく成功するとかではなく、社長個人の感情が入ってしまう意思決定というのはやってはいけないのです。

とはいえ、私もそうなのですが、社長をしている人は、皆さんこの人ならと出資してあげたり、借金の肩代わりをしてあげたりしています。

しかし結局、ダメだったり、本人が逃げたりして損をしてしまうのです。自分が行った事業での失敗や損なら仕方ないなとあきらめがつくのですが、人に託したお金、貸したお金が戻らないというのは腹が立つものです。しかもスミマセンと謝るならまだしも、たいていは何も言わずに突然いなくなります。連絡もつかなくなります。私はまだ総額で1千万円を超えていませんが、1億円以上の損をした社長を何人も知っています。

ところが悩ましいのは、この手の失敗をしたことがない社長で成功している人が私の知る限り「皆無」なのです。トンズラした人の知り合いとその後、商売につながったり、人脈が広がったということもありました。人を信じてお金を出してあげる、その後お金が戻らず損をする。これもひとつの社長としてのカルマなのかもしれませんね。

第3章

「大きな会社」に勝つための小さな会社の戦い方

小さな会社、とりわけ起業したての会社だと銀行口座もなかなかつくれませんし、クレジットカードなんてそもそもつくれません。まして大企業との取引なんて夢のまた夢です。小さな会社は生まれたての赤ちゃんと同じです。何かあるとすぐに病気にかかってしまいます。

とはいえ、じっと耐え忍んでいても会社が大きくなる、収益が増えるというわけではありません。

ここは打って出るべきです。

小さな会社は、しがらみがありませんし、親会社の言うことをきかなければならないということもありません。「何でもあり」が小さな会社の強みなのです。

銀行は支援機関ではない

銀行選びは慎重に

小さな会社の場合、銀行口座をつくるのも一苦労です。相手にしてくれる銀行はほとんどありませんし、最近は口座を詐欺に使われるのではないかと疑われることもあるでしょう。とはいえ銀行口座なしで会社経営をするわけにはいきません。

多くの社長は、会社が小さいのに、格好が良いからと首都圏のメガバンクに口座をつくろうとしますが、これは止めたほうが賢明です。

というのも、年商1億円以下の会社だとメガバンクからみるとゴミみたいな会社だからです。担当者も会社にはほとんど来ませんし、情報も教えてくれません。たいていは新入社員の練習の場としてあなたの会社は利用されます。

会社を設立してすぐなら、まず信用金庫や信用組合で口座をつくるべきです。信用金庫なら紹介がなくても口座開設がスムーズですし、あなたの会社も重要なお客様です。融資の依頼をしても親身になって相談にのってくれるでしょう。会社を設立して、数年が経っているなら地方銀行でもよいでしょう。

ただ実は、この時に大切なのが支店の選び方なのです。

銀行の融資担当者として1000社もの決済をしていた元銀行員の融資コンサルタントの徳永貴則氏によると、銀行や支店の選択で会社の存亡が決まることもあるとお聞きしました。

同氏によると、

「安易に会社の近くにあるからと言って、取引銀行の支店を決めるべきではありません。銀行の支店は社長が融資して欲しい金額で決めるべきです。銀行というのは、A支店は3千万円、B支店は5千万円といったように支店ごとに支店長が決裁できる融資枠が決められています。これを超えるものに関しては本部へ稟議書を書くことになります。そして、この稟議書というものがクセモノなんです。当然、皆さんの会社の財務内容がそこそこであることが前提ですが、本部への申請は簡単には通りません」

だそうです。

また、先ほどの例で言えば、社長が融資を4千万円受けたいと考えているのであれば、A支店だと融資は3000万円止まりのため、迷わずB支店に決めるべきだそうです。

ただ、B支店だとその他大勢の会社となり親身になってはくれないのに対し、小さな支店では社長の会社は優良顧客となることもあります。つまり、大きな支店が良いとは限らないとのことです。銀行や支店は一生の付き合いということではなく、会社のステージによって変化させていくことも重要のようです。

銀行の融資窓口に立ったら負け

赤字が続き経営が苦しくなってきた、資金繰りが厳しいということで、銀行の融資窓口に行き、担当者に洗いざらい会社の状況をお話しする社長がいます。誠意を伝えたい、銀行にきちんと話したいというのはわかります。

しかし、これは大きな間違いです。勘違いしないでください。銀行は救済機関でも支援機関でもありません。銀行は、あなたの会社にお金を貸して金利という利益で商売している「会社」なのです。

ですから、資金繰りに困って銀行の窓口に相談をしに来る社長にはお金を貸しません。当たり前ですよね。金利をもらえない可能性がある、貸したお金が返ってこなくなる可能性もあります。そういう会社には、銀行でなくてもお金は貸しません。あなたもお金を払わないかもしれない会社に商品を販売したりしないですよね。

銀行も同じです。銀行に何でもかんでも洗いざらい相談したために、今まで貸したお金も全部返してくれと言われる可能性さえあります。銀行にウソをつくのはダメですが、言いたくないことまで言う必要はありません。銀行に洗いざらい相談するというのは完全にＮＧです。

では誰に相談すれば良いかというと、税理士に相談します。税理士から銀行を紹介してもらいましょう。税理士も今は昔のように税金の申告だけではお客さんが逃げていってしまうので、様々なサービスをしてくれます。銀行を紹介してくれる税理士や銀行交渉に付き合ってくれる税理士もいます。

ただ、税理士も様々ですから、そもそも融資についての知識がほとんどない税理士もいます。税務申告しかやりたくないという税理士もいます。もしこうしたお金の相談に乗ってくれない税理士ならば、融資に強い税理士に変更したほうが良いでしょう。「金融税理士アドバイザー」や「資金調達会計人会」に入会されている税理士に問い合わせをしてみたらいかがでしょうか?

税理士の顧問料は安いほうが良いという社長もいますが、こういう時に力になってくれるかどうかが実は顧問料の差なのです。きちんとした税理士は税金以外の知識や人脈も豊富ということです。

もし顧問をしてもらっている税理士がダメなら、知り合いで「儲かっている」社長から銀行を紹介してもらうという方法もあります。優良顧客から紹介された場合には、銀行もむげには断れませんから話をきちんと聞いてもらえると思います。とにかく、銀行の融資窓口に立ったら負けということです。

信用調査会社との付き合い方

会社を立ち上げてしばらくすると帝国データバンクや東京商工リサーチといった信用調査会社から財務内容の問い合わせが来ます。

「税務署ならともかく、信用調査会社は民間の企業なんだから答えなくてもいい」

こんなことを言う人がいますが、これは大きな間違いです。必ず返答すべきです。

なぜなら銀行は融資の案件が上がった場合、こういった信用調査会社でまずどんな会社か調べてみるからです。

「でも会社の業績が良くないから、信用調査会社には回答したくない」

気持ちはわかります。

しかし、銀行は信用調査会社に問い合わせた時に、財務内容を開示していない会社には基本的にお金を貸さないのです。銀行はお金の貸出先には全然困っていません。いくらでも貸し先はあるんです。別にあなたにお金を貸さなくても銀行は倒産しないんです。信用調査会社に正直に答えるかどうかは別として、少なくとも返答しないというのはやめておいたほうが賢明です。

大きな組織との戦い方

大きな会社とはＦＡＸで戦う

「大企業や役所の人は、うちみたいに小さな会社のためには、きちんと仕事をしてくれなくて困っているんです」

ある社長が嘆いていました。大企業や役所から見るとあなたの会社はアリやミジンコみたいなものです。あなたの会社が倒産したって全然困りません。ですから、重要顧客や親しい会社を優先し、小さな会社はいつも後回しにされます。

頭に来るのはわかりますが、小さな会社は瑣末なことならば仕方ないと諦めるしかありません。しかし会社の存亡の危機の時には、彼らと戦わなければなりません。

では、どうしたら良いのかというとＦＡＸを使うのです。

昔、ある会社にコンピュータを販売し、某リース会社にリース契約をお願いした時の話です。

リースの与信が通り、納品も終わったのでリース会社に請求書を送りましたが、いつまで経ってもお金が振り込まれて来ません。リース会社の担当者に連絡するとまだ先方に契約に行っていないとのこと。その後何回もずっと同じやりとりを繰り返しましたが、3ヵ月経っても同じ返答でした。

こちらは数百万円分のコンピュータを先に買って納品しているので資金繰りがピンチです。彼らにとってはどうでも良い小さな金額なんでしょうが、こちらはきちんと支払ってもらわないと会社がなくなってしまいます。

そこで私はリース会社にＦＡＸをしました。するとなぜか次の日に担当者が上司とともに当社へ謝りに来られました。お金もすぐに振り込まれました。

また、別の例です。

２００７年に社会保険庁が全ての加入者と年金受給者に送った「ねんきん特別便」が、いつまで経ってもなぜか私には届きませんでした。

そこで、社会保険庁のサイトに記載されていた問い合わせ窓口に電話をしました。電話に出た方は「この電話番号は、ねんきん特別便の部署の電話番号じゃないんだよねぇ」と冷たい声です。「サイトに書いてあったのでお電話したのですが。ではかけ直しますので電話番号をお知らせいただけますか」と聞くと「いいよ答えますよ。担当はオレだから」という横柄なお返事です。

怒りたいところですが、私も送ってもらわないと困るので下手に出るしかありません。お名前をお聞きし、よろしくお願いいたしますと伝えました。

しかしいつまで経っても、ねんきん特別便は送られてきません。その後何回電話しても「今、調べているところですよ」とそっけないお返事。

そこでFAXをしました。

すると次の日、上司の方から「いや申し訳ありません、私がお調べしすぐにお送りいたします」という電話がかかってきました。もちろん数日後に私の手元にねんきん特別便が郵送されてきました。

「えっ、FAXするだけで、そんなにスムーズにいくもんなのかなぁ」と思われましたか?

はい、そうです。FAXだけでよいのです。簡単なもんです。ただFAXの送り方がちょっと違います。

サラリーマンの弱点

小さな会社と違って、大企業や官庁は訴えられても優秀な弁護士がたくさんバックについていています。

また、たとえ裁判に負けても、大企業はお金をたくさんもっていますし、官庁ならみんなの税金で支払えば良いだけです。だから大きな組織とまともに我々が戦ってもまず勝ち目はありません。

ではどうしたら良いのでしょうか。

大企業や公務員とはいえ勤めている社員は普通の人、温室育ちの「羊ちゃん」です。我々のように毎日が戦争、お金がなくなったら首をつるという人たちではありません。

そこで我々はこういうサラリーマン、羊ちゃんを攻撃します。つまりＦＡＸには、企業や役所ではなくあなた「個人」を訴えますよ、あなたの会社の社長「個人」を訴えようと思っていますと書いて送ります。

羊ちゃんはビックリです。羊ちゃんは上司に相談しますが「会社が訴えられるならともかく君、個人の問題だからねぇ。民事だよね」で終わりです。ちなみにＦＡＸは全国の支店に同じ文面で全部出します。もし、羊ちゃんだけにＦＡＸを送るとこの事実を隠蔽しようとするからです。

だから予め全国の支店のＦＡＸ番号を調べておく必要があります。大きな組織であってもそこにいるのは個人です。ただのサラリーマンです。サラリーマンはあなたがいくら怒っても会社に守られているため全然気にしませんが、会社や上司から怒られたりすることを非常に恐れています。

だから個人を攻めればよいのです。大きな組織自体は強いですが、そこに所属している個人は弱く脆い人たちばかりです。今までいい加減な仕事をしてきたことが、上司や他の支店の人にバレるのを極度に恐れます。ＦＡＸという「人に見えてしまう」メディアが我々の武器なのです。

しかし万能のように見えるＦＡＸ作戦ですが、実は２つ弱点があります。公務員ならともかく、企業の場合ここまでやったら、以降は良好な関係はつくれないでしょう。ですから、もう付き合わないという会社にしかこの手は使えません。

またこのＦＡＸ作戦は、相手がサラリーマンの時に「だけ」使える手段です。創業社長にはこの方法は通用しません。創業社長は私達と同じ毎日が戦争の人です。ですからそんなＦＡＸが来てもまったく気になりません。無視されて終わります。どうぞご勝手にということになります。

大企業との契約

短気は損気

社長、特に創業者はせっかちというか、気が短い人が多いと思います。私もすぐに結論を出そうとしますし、相手からの結論も急ぎます。

小さな会社の場合、意思決定が早いというのが長所ではありますが、それをそのまま大きな会社に当てはめてはいけません。大きな会社というのはなかなか結論が出ませんし、契約に至る道のりが非常に長いのです。

ある時、銀行系の大手システムメーカーからデータ保管のシステムを当社の税理士ユーザーへ販売して欲しいという連絡がありました。その後、数ヵ月間システムを検証しましたが、さすが銀行系のシステムメーカーです。よくできています。

そこで販売契約を交わすことになりました。先方からは早速、契約書が送られてきました。契約書には「フリーウェイジャパンが販売先とトラブルを起こした場合にはフリーウェイジャパンが全責任を持つ」。

ふむふむ、それはそうでしょうね。目を疑ったのは次の項目。

「当社のサーバやシステムが停止して、そのために顧客に迷惑をかけた場合にはフリーウェイジャパンが全責任を持つ」

なんだこれは。

「ええっ、なんでうちがつくったシステムじゃないのに全責任を持つの？　あっそうか。これ甲と乙を間違っちゃったんだな」

そう思い、先方の担当者へ電話しました。するとさらりと言われました。

「いいえ、正しいです。うちの法務部がきちんとチェックしていますから。全責任はそちらでお願いします。うち銀行系なので責任取れないんですよ」

では全責任ってどの程度なのですかとお聞きすると「無限です」とのこと。私は頭にきて「だったら契約しません。さよならー」と電話を切ってしまいました。

実は大企業の場合、ここからが契約交渉のスタートなんですね。当時の私はそれを知らずに勝手に頭にきて、破談にしてしまいました。これで数ヵ月の検証時間や作業が全てパーになってしまいました。

カチンと来ることがあっても、大企業との契約はじっくりと粘り強く契約交渉をすべきです。彼らは我々のように1日も早くという人たちではありません。短気は損気ということです。

大企業との契約は弁護士に依頼する

20年ほど前、年商数千億円のコンピューターメーカーのシステム開発部から連絡がありました。当社はデータ変換技術に優れているのですが、そのノウハウを教えて欲しいとのこと。見返りは新商品の独占的な販売権でした。私は大喜びでシステム開発部の方とお会いしました。

その時に開発部の方から言われました。

「井上さん、これは社内でも秘密で行っているので当社の販売会社や関連会社には他言無用にして欲しいです。また秘密のプロジェクトなので契約書がつくれないんです」

私は、「そうですか、秘密プロジェクトですか。カッコいいですね！　もちろんOKです」とお答えしました。その後、何回かにわたり当社の資料を渡し、打ち合わせを重ねました。先方からの資料には全てマル秘のハンコが押されており、その都度お持ち帰りになりました。

秘密プロジェクトが開始されてから数ヵ月経った頃、突然先方との連絡がとれなくなりました。電話をしてもいつも席を外しているとのこと。

「開発もラストスパートの頃だし、忙しいのかな。まぁいいか、またしばらくしてから電話しよう」

こうして1ヵ月が過ぎました。

そんな頃、そのメーカーの販売会社の課長が当社に突然やって来ました。

「井上さん、ついにうちもデータ変換システムつくったんですよ」

私は「えっ、それ見せてよ」と言うと、彼は得意気にパソコンを操作しました。

そして私の目の前には開発の人と打ち合わせした内容そのままのものが画面に現れました。私は「なんだ、完成したなら連絡ぐらいしてくれたっていいのに」と思い、打ち合わせをずっとしてきたメーカーの担当者へ電話をしました。すると電話に出た人は「そのような者は当社には在籍しておりません」とのことでした。

もちろん電話番号を間違えたわけではありません。

私はメーカーの販売会社の課長に今までの経緯を伝えると、課長は憤慨し「私、実は販売会社の社員ではなく、メーカーからの出向社員なんですよ。ひどい話だなぁ。ちょっと本社に掛けあってみますよ」と言って帰りました。

しかしいつまで経っても課長から連絡はありません。しばらくしてから風の便りで、課長は突然、メーカーの別法人の旅行会社に転籍になったそうです。

私の知り合いの社長は、ある巨大電機メーカーと提携しましたが、システムごと全て奪われてしまいました。ＴＶコマーシャルも頻繁に流れる大企業で、クリーンなイメージもあったので、社長は契約書を細かくチェックをしていなかったそうです。

ある日突然、電機メーカーから連絡がありました。

「今まで貴社の代理店としてシステムを販売していましたが、代理店契約を解除いたします。これからは当社がメーカーとなり販売を継続していきます。貴社がつくられたシステムは全て当社に移管されます」

社長は困り果て、契約書を持って弁護士に相談にいきました。すると弁護士は「これじゃあ裁判をやっても無駄です。これでは勝ち目がありませんね」と言われたそうです。

大企業の法務部は法律の専門家です。自社に都合が良いように作成します。敢えてわかりにくくするということもあるでしょう。

ですから、我々は大企業との契約には必ず弁護士に確認してもらうことが必要です。大企業に勤めている人、担当者は良い人なのかもしれませんが、大企業は非情なのです。何でもするのです。

市場調査より、まずやってみること

10年ほど前、日本の会社の出向社員として中国で働いている人（日本人）と知り合いになりました。その人は真面目で頭も良く仕事もできるので「日本に帰ってきて独立する気があるなら、私が君に会社をつくってあげるよ」と約束しました。

そして数年後、彼は退社し日本に帰ってきました。私は約束通り、彼に会社をつくってあげました。とはいえ何のビジネスをするかまだ決まっていません。

そこで、私は中国からスーツを輸入したらどうだろうか。日本はスーツが高いので安ければ売れるんじゃないかなと提案しました。

彼は早速、スーツをサンプルで取り寄せましたが、とても日本で売れるような品質ではありません。素材が良くない上に、サイズも日本のようにA体B体といった細かいものではなく、普通のシャツのようにS・M・Lです。ズボンのウエストはゴムで調整する仕組みになっています。

そこで私は次の提案をしました。

「じゃあ、スーツは止めて靴を販売しようか。そうだな。履くと背が高く見える靴、シークレットシューズって売れそうな気がする。中国にはシークレットシューズってあるかな」

彼が早速調べてみたところ、たくさん種類がある上に値段もかなり安いようでした。背が低いというコンプレックスは日本でも中国でも同じようです。

彼から「いったいどこに売るんですか」と聞かれたので、私はこう答えました。

「そーだなぁ、結婚式場かなぁ。最近は背の高い女性も多くなってきたから、結婚式の時に男性の方が小さいとカッコ悪いと言う人もいるし。それに結婚式場なら多くのサイズの靴をまとめて買ってくれそうだ。まぁ一応、ホームページで個人への直販もしてみようか」

靴をサンプルで仕入れてみたところ出来栄えもなかなかしっかりしています。これなら売れると、彼はたくさんの結婚式場にシークレットシューズを売りに行きました。ところが、結婚式場はなかなか買ってくれません。結婚式場としては、シークレットシューズを履きたいならご自身で用意してくださいということのようです。

あーこれもダメかなと思っていた矢先、ネットから何件か注文の申し込みがありました。何人かにメールで、どうしてシークレットシューズが欲しいのか聞いてみたところ、ある人はダンス教室に通っていて、ダンスをする時に使いたいという返信がありました。

そうか、ダンス教室なら需要があるかもしれないと、彼はダンス教室へ営業に行ってみるとこれが大当たり。ダンス教室に通う男性は高齢の方が多く身長が低い。逆に女性はヒールを履いている上に髪の毛を上に盛っている人も多く、そのため男性との身長差がかなり開いてしまうということがわかりました。

もし市場調査会社に依頼して結婚式場で購入してくれるかどうかを調べていたら、このビジネスはなかったと思います。大企業ならお金をかけるコストはもちろん、規模も我々とは全然違いますから市場調査をきちんと行うのは正しいマーケティングです。

しかし小さな会社の場合は、たいした費用がかかるわけではないですし、ダメならやめれば良いだけです。だから、まず何でもやってみるということが重要です。やってみて初めてわかるというものもあるのです。

ベンチャーキャピタルとの契約

起業家、特にＩＴ系の起業家は、ベンチャーキャピタル（以下ＶＣ）から投資されることを夢見ている人も多いようです。フェイスブックなどの成功物語を自分も……という気持ちは良くわかります。

ただ海外のＶＣと日本のＶＣは少し性質が違います。海外のＶＣはハイリスク、ハイリターン、上手くいけば大儲け、ダメなら自己責任という考えが浸透しています。

しかし、日本のＶＣの多くは、そう考えてはいないようです。ＶＣという名の銀行融資に近い考えで運営している会社が多く存在しています。

一般的にVCが投資している会社のうち株式公開できる会社というのは10社に1社と聞いたことがあります。あなたの会社がめでたく株式公開できればハッピーエンドになるのですが、株式公開できない時はどうなるのかというのが問題です。大体3つのパターンに分かれます。

①あなたがクビになり新しい代表取締役がVCからやってくる
②どこか大きな会社にM&Aされる
③一部の事業だけをどこかの会社に譲渡して会社を解散する

このいずれかとなります。

ここまでは海外のVCも同じなのですが、日本独特のルールを持つVCもあります。それは「株式買取義務」というものです。株式公開できない場合には、あなたの会社またはあなた自身が株を買い取ってください、というものです。株式公開できないのに会社にお金が潤沢にあるというのは、まずありえません。

よって株式はあなたが買い取り、お金を支払うことになります。とはいえあなたもそんなにお金があったらVCから資金調達なんてしませんよね。ですから実際にはこの「株式買取義務」というのは行われません。

しかし、ずっと未払いの「借金」としてあなたに残り続けるのです。もし将来、あなたが違うビジネスで成功したらある日、VCからこの借金を支払ってくださいと連絡が来るかもしれません。これは怖いですよね。

よってVCと株式買取義務付きで契約した社長たちは、みなさん最終的に自己破産を選択しているようです。

大きな声では言えませんが、ひどいVCになると会社に怖い人がやってきて、社長を強制的に金融会社に連れて行き、たくさんの会社からカードキャッシングさせてお金を回収し、その後、自己破産させるという荒業を使う会社もあるそうです。

ただ、ビジネスを加速させるためにはVCは強い味方です。VCはよく調べて優良な会社を選べば怖いことはありません。

メーカーは販売店の利益も考える

ある小さなソフトメーカーのお話です。そのメーカーはソフトを開発しましたが、販売力がありませんでした。

そこで社長は、知り合いの会社、数社にソフトを販売してくれないかと打診しました。すると、そのうちいくつかの販売店が取り扱ってくれることになり販売が開始されました。初めは少ししか売れませんでしたが、販売店が地道に広告を打ってくれたため、徐々に売上が上がっていきました。

その後、同社のソフトが人気だという話を嗅ぎつけたいくつかの販売会社が、取り扱いをさせてくれとメーカーに連絡をしてきました。メーカーの社長は大喜びです。多くの販売店と契約を結びました。

しかし、面白くないのが立ち上げ当初からソフトを売っていた販売店です。

「うちが広告をずっと出してきたからソフトは売れたんだ。広告も出さない販売店とうちの仕入れ値が一緒なんておかしい」

メーカーの社長に文句を言いました。

しかしメーカーの社長は取り合いません。

「うちにとっては、古くからの販売店さんも新しい販売店さんも利益は同じです。ですから、昔から売っていたということで仕切り値を下げるのは、平等ではありません。うちにとっては、たくさん売ってくれる販売店さんがよい販売店さんなんです」

とキッパリ。その後も販売店は増え続け、ついに価格競争が起こりました。

「A社が2割引なら、うちは3割引だ」

こんなことが連鎖し、ついに5割引にまでなりました。当初は利益がたくさん入るからとソフトを扱っていた販売店はたくさん売っても儲からないので、1社また1社と去って行きました。

また古くからの販売店は、一所懸命に営業しても、価格の安い他社に販売されてしまうならバカバカしいと広告を出すのを止めてしまいました。するとソフトはどんどん売れなくなり、メーカーはついに倒産してしまいました。

これは実際にあった話ですが、こういうことはよくある話なんです。

「メーカーとしては誰が安売りしようが、広告を出そうが、営業マンを雇おうが、仕切り値は一緒なので粗利には一切関係ない」

こんな風に考えてしまうからこういうことになるのです。少しでも多くの利益が欲しいというのはわかります。

しかし、会社経営は欲をかき過ぎないということも重要なのです。

ではどうしたらよかったのか？

小さな会社の場合には、特別なルートを持っている販売店や独自の販売方法で売っている販売店など販売形態別に契約をしてしまうという方法があります。また地域別にあなたのお店はこの地域にだけ販売しても良いですよという地域別独占契約でもよいかもしれません。

小さな会社と言えどメーカーは儲けることと同時に、販売店の利益も考えなければなりません。販売店は儲からないとわかったら一斉に去っていきます。

資金力が豊富な大企業なら広告をバンバン出して販売店が売りやすい環境をつくるという方法もありますが、小さな会社がこれを真似すると会社がなくなる危険性があります。小さな会社はメーカーと販売店の共存共栄で会社を伸ばしていきましょう。

新商品の出し方

新しいカテゴリーのものは売れない

当社のシステムに「フリーウェイ顧客管理「というものがあります。このシステムのネーミングには非常に苦しみました。このシステムはパソコンだけでなく、スマートフォンでも動作するインターネットを使った無料のデータベースシステムです。

顧客管理だけでなく、商品管理でも、個人の住所録でも何でも簡単に使えるものなので、当初は「簡単データ管理」とか「クラウドデータベース」という名前にしようかと思いました。顧客管理というネーミングは限定的なので、たとえ他に利用方法があっても「なーんだ顧客管理かぁ、じゃあうちの商品管理には使えないや」と思われてしまう可能性があるからです。

しかし、いろいろと悩み結局「フリーウェイ顧客管理」という「普通」の名前に決定しました。なぜ、そんなありきたりな名前にしたのかというと昔、ソフトバンクの担当者に言われたことを思い出したからです。

以前、当社では全国の補助金・助成金を検索するというパソコンソフトをつくったことがあります。そのソフトは評判がよく、大手の保険会社にも次々と導入されました。私は流通を通して一般の企業にも販売したらもっとたくさん売れるのではないかと思い、ソフトバンクに相談しました。

当時、類似の商品がなかったため、ソフトバンクの人に、「これは今までなかったカテゴリーの商品だからきっと売れますよ。パソコンソフトコーナーの一番目立つ場所に置きますよ！」なーんて言われると思っていました。

しかし予想に反して、ソフトバンクの担当者は渋い顔です。

「井上さん、類似のものがない商品って売れないんですよ。人はいくつかのソフトを見比べて買うんです。一種類しかないソフトって比較のしようがないから売れないんですよ」

「そんなバカな。資金繰りで困っている社長は多いはず。だからこういうソフトを待ち望んでいるはずだ！」

ソフトバンクの担当者を説得し、販売を強行しました。そして結局、惨敗しました。

人間は自分がわかる範囲でしか調べないし、興味もない。今やっていることをいかに改善するか、今までとちょっとだけ違ったものが食べたいという具合に自分の今までの経験の範囲内で判断します。だから斬新なものほど、人の目には飛び込んでいきません。

ソフトバンクの人が言うように、比較すらできないものは買わないのです。大企業なら広告にお金をつぎ込むといった方法もありますが、小さな会社にはそれはできません。

だから小さな会社は、新しいカテゴリーの商品をつくるよりも、似たようなカテゴリーに商品を入れてしまい、いろいろな人の目に留まりやすくなる方法のほうが賢明のようです。そして、ちょっとだけ変化させてみる。これが小さい会社の戦い方です。

過渡期は結構長い

平成6年頃のこと。ある雑誌に当社のソフトは過渡期の商品と書かれたことがありました。当時、当社の会計ソフトは他メーカーの会計ソフトと双方向でデータ共有ができるというのが「売り」でしたが、正直言って、当社のソフトは他社を圧倒するような機能もありませんし、帳票類も貧弱でした。

この雑誌には「今後、各社の経理データは共通化され、どんなメーカーのデータでも即座に取り出せるようになるだろう。だからフリーウェイジャパンのように各メーカーのデータを変換したり、共有化するようなものは過渡期のシステムとなる」。こう書かれていました。雑誌にこう書かれてから20年後の現在、どうなっているのかと言うと、いまだにデータの統一はされていませんし、統一される気配もありません。

今、社長の会社は「光」でインターネットにつないでいると思います。その前はどうだったかというとたぶんＡＤＳＬだったと思います。ＡＤＳＬは発表された当時から、今後は光の時代。ＡＤＳＬはすぐになくなる過渡期の商品だと言われていました。その予言通りにＡＤＳＬは全盛期だった２００４年頃から光にどんどん押されて徐々にユーザーを減らしていきました。

そんなＡＤＳＬの衰退期に、新規でＡＤＳＬの販売を始めた会社がありました。私は「おいおい今更ＡＤＳＬなんて契約する人なんていないよ。世の中はもう光の時代なんだから」と思っていました。

しかし、私の考えとは逆に、その会社はどんどん売上を伸ばしていきました。

では今、ＡＤＳＬはどうなっているのかと言うと、いまだに各社で販売されています。

す。

ネットで検索してみてください。ＡＤＳＬを販売している会社はたくさんあります。価格はものすごく安いですし、利用者が少なくなったためスピードも当時より早くなっています。

過渡期というのは実は、結構長いんです。私もそうですが、創業者というのは常に新しいものに目が行ってしまいがちです。これからはコレが流行る、未来はこっちだと。未来を考えておくことは非常に重要です。

ただ、現在と未来をつなぐ過渡期こそ、小さな会社が儲けるチャンスと言えるのではないでしょうか。新しいものは大きな会社に任せて、この長い過渡期に勝負するのです。肉は腐りかけが（表現悪いですが）美味いのです。

Column

レベルの低い社長からのアドバイスは話半分で聞く

当社、フリーウェイジャパンはクラウド業務システムでは国内最大級になったこともあり、起業家はもとより大企業のTOPとも会えるようになりました。その時にアドバイスをすることもあるのですが、そうすると「井上さんはスゴイですねぇ。たくさんアイデアをお持ちなんですね」とおだてられることもあります。

私のアドバイスは昔からそんなにスゴイのかというとそれはもうスゴイです。はい。もう相当なもんです。

昔、ウインドウズが国内に広まりかけた頃、あるWEBサイトの会社の取締役が当社にアドバイスを求めに来られました。「実はこういうインターネット通販サイトをつくりまして、今後どう展開して行ったら良いでしょうか」。早速サイトを見させていただくと、新聞折り込みチラシの寄せ集めみたいな汚い通販サイトです。「なんですかコレ、今何社契約しているんですか。料金はいくらですか」と聞きました。すると契約したのは30社、掲載料は月間3万円ですとのこと。私は「こう言っちゃなんですが、こんな汚いチラシみたいなものをサイトにペタペタ載せているだけで、月に3万円なんて誰も契約しませんよ。こんな商売が成り立つはずありませんから早めに撤退したほうがいいんじゃないですか」と、偉そうにアドバイスしました。

楽天さんに……。

SEOをビジネスにしている会社の社長には、「SEOってこういう仕組みでしょ。こんなものを商売にしちゃいけないですよ」とアドバイスしました。数年後、彼は株式公開を果たしました……。まぁ今から考えてみると、私は当時かなりひどいレベルの社長だったと思います。人の言うことを素直に聞くというのは社長として必須の能力ですが、その上でどうかなと熟考することも重要だと思います。人からアドバイスをされたら、その人がまずどんなレベルの人なのかを考えてみて、もし信じるに足る人であれば、やってみるということでいかがでしょうか。

えー昔、私からへんなアドバイスをされてしまった方もいらっしゃると思います。この場をお借りして謝罪いたします。誠に申し訳ありませんでした……。

第4章

もっともらしいことを疑う

日本では本音と建前、ホントとウソが混ざり合った情報がいたるところに流れています。会社を経営するには、こうした多くの情報から真実をつかみ取らなければなりません。

その中で一番やっかいなのは「もっともらしいこと」。

「そんなの常識だよね、当たり前だよ」というものが社長の目を曇らせます。

小さな会社はこの「よく調べるとホントは間違っているけど、世の中では当たり前とされているもの」に注目してみたらいかがでしょうか。当たり前の中にビジネスチャンスが隠れているかもしれません。

人脈づくりはパーティなのか

✕インチキな人脈に惑わされない

「会費が3千円のパーティと1万円のパーティがあります。さて、どちらのパーティに出たほうが良いでしょうか」

このような広告を電車の中で見たことがあります。この広告の解答は何だったか忘れましたが、とにかく人が集まる所、パーティが好きな社長がいます。社長の手帳は異業種交流会や社長限定の記念講演パーティなんていうもので埋め尽くされています。

もちろん、別に全てのパーティを否定するわけではありません。ただ、何かを学ぶセミナーの後に行われる懇親会とか知り合いが集まる楽しいパーティならともかく、経営者パーティに自分のメリットを求めて行く人というのは、そもそもどういう人なのか考えてみてください。

会費が3千円だろうが1万円だろうが、やましい動機しか持っていない人たちばかりが集まるのがこういうパーティです。何となく想像できますよね?

誰かカモを見つけて物を売ろうとしている人、お金を出してくれるパトロンを探している人、パーティに出て社長気分を味わいたい人など、こんな人たちがほとんどです。

前にある社長から、「経営者パーティに井上さんも出ない?」と誘われたことがありました。女性社長と男性社長が集まるパーティだそうです。夏なので女性はみんな浴衣を着て集合するそうです。アホらしいのでお断りしましたが、冬にまたお呼びがかかりました。

「井上さん、今度はみんな仮面をつける経営者パーティなんだけどどう？」

いやいやビックリ。ここまで来るともういったい何のパーティなのかもわかりません（笑）。こういうパーティは、あくまで私見ですが総じてレベルの低い経営者が多い気がします。

あるパーティに出た時のことです。

「現代人はいつも急かされて生きていると思うのよ。だから鬱とか引きこもりとか精神的に癒されていない人が多くなるんです。そこで私は癒しの空間というのをつくって、ビジネスマンにヒーリング音楽やアロマなどでゆっくり休める場所を提供したいと思うの」

隣に座っていた社長が話しかけてきたので、私は「それは素晴らしいですね」と伝えた後、集客のしかたと1日何人の来客を見込んでいるかの質問をしました。すると社長は突然、黙ってしまいお話は中断。しばらくして他の席に移って行きました。

結局、こういうパーティでの、薄い人間関係やレベルの低い人達との交流からは人脈なんてつくれるものではありません。儲かっていないのに儲かっているふりをする人や何か商売してやろうと目論んでいる人達が、お互いの腹を探りあうようなパーティに出るならば、知り合いの社長ととことん飲んで親交を深めたほうがずっとオトクだと思います。

人脈とは「仕事で信頼できる関係になった時」に初めて築かれるものなのです。人脈とは信用です。人は信頼していない人の言葉を信用しないのです。

もし本当にこういう形で人脈をつくりたいなら、方法がないわけではありません。私の知る限り、人脈で大きな仕事をしている人がひとりだけいます。その人は、お金持ちで社交的な社長とよく、銀座に飲みに行っています。

そこで、成功している社長をたくさん紹介してもらっているそうです。その時に紹介してもらった社長と別の機会に呑んで親しくなり、また成功している社長を紹介してもらいます。こうして友人の輪がどんどん広がっていきます。そして大きな仕事を取るのです。

この方の言葉を紹介します。

「座っただけで数万円のクラブには商売がうまくいっている社長やリタイヤした成功者が多いんです。また成功者は、他の成功者と友人である可能性も高いと思います。

だから銀座は人脈で商売するには非常に良い場所なんです。今まで呑み代に1億円以上使いましたが、お陰で良い商売をさせてもらっています」

ここまで徹底してやるなら別ですが、貧乏臭い社長たちが集まる意図的なパーティ、お見合いみたいなパーティで人脈をつくるという安易な発想は捨てたほうが良いと思います。社長ならやることはいくらもあるはずです。

人脈は儲けさせてあげることで増えていく

ある日、当社に「電気の基本料金を下げる機械」というものを売りに飛び込みセールスの人がやってきました。調べてもらうと電気料金が年間数千円安くなるとのこと。年間数千円ではたいした節約にもなりませんし、ビルの大家さんに機械の取り付けの許可をもらうのも面倒です。私はスミマセンとお断りしました。

その時に私は「こういうの儲かるんですか、他にも何かご商売されているんですか」とお聞きしました。

すると彼は「実は私、ガソリンスタンドのコンサルタント会社を経営しているんですが、景気が悪くなり、ひとりまたひとりと会社を去ってしまいました。今、会社は社長の私ひとりだけなんです。その私もコンサルティングだけではなかなか喰えなくて、こういうサイドビジネスをしているんです」と言っていました。それから、少しだけ会話のやりとりを行いました。

私「そうですか、社長だったんですか。ところで、どこか大きい会社の知り合いはいらっしゃいませんか。クラウドによる社内システムの提案したいのですが。もしそれが売れたら社長にもお金を支払えるんですが」

社長「それならばガソリンスタンドではなく、元売り会社なら一社だけあります。最近は疎遠になっていますが」

私「そうですか、では3日後にまたいらしてください。提案資料をつくっておきますから。もちろん儲かったらお金を支払います」

私は、ガソリンの元売り会社のシステムなんてつくったことはありませんが、何となくこんな感じかなと提案資料をつくり、3日後その社長にお渡ししました。社長が提案資料を持って行くと元売り会社の方が興味を示し、詳しい話を聞きたいとのことです。

結論から言うと結局、一緒に行ってお話ししましたが先方の規模が大きいため、この提案はダメでした。

しかしその後、私は元売り会社から違う仕事を依頼され、お金を頂戴しました。もちろん、先ほどの社長にはその何割かのお金を支払いました。

その後、社長はこの件によって元売り会社とまたパイプがつながり、今はこの元売りの看板をつけている全国のガソリンスタンドの車検コンサルティングを一手に引き受けているそうです。

人と人とのつながりというのはパーティなんかではなく、飛び込みセールスからもつながるのです。

ある保険代理店のＴＯＰだった人がこんなことを言っていました。

「井上さん、保険の契約ってギブギブギブギブギブ、アンド、テイクなんだよ。いろいろなことをたくさんしてあげてやっと信頼が芽生えるんだよ。信頼が芽生えると保険に入ってくださいなんて言わなくても自ら保険に入りたいとお客様の方から連絡が来るんだよ」

良い人脈をつくりたいならまず、相手のために働いてあげること、儲けさせてあげることなのです。

✖やばい社長は人脈でわかる

初対面だとなかなかその社長の人柄を見ぬくことはできません。本当はこちらをだまそうとしているのかもしれませんが、人当たりが良かったりすると、ころりとだまされてしまいそうです。紹介者がいれば、どんな人なのか聞くこともできますが、紹介者がいない場合にはなかなか良い人かどうか見分けるのは難しいものです。

しかし、ひとつだけ方法があります。

それは、次のように聞いてみることです。

「社長は10年以上付き合っている社長と今でも呑みに行くことはありますか。そういう人は何人ぐらいいますか」

その社長が創業者ならば、これでわかります。10人以上なら合格です。

なぜこんなことを聞くのかというと、やばい社長というのは短期的な収益だけを求めるために数年で付き合わなくなるという人が多いからです。「昨年は毎日のように会っていたのに、その人と今年は全然会わない」とかいうのは、彼らにとっては日常茶飯事です。もしかすると縁を切られたのかもしれません。

もうひとつの「呑みに行くことはありますか」となぜ聞くのかというと、付き合いの深さを知るためです。

親しい人とはビジネスを超えて、相手をもっとよく知りたいと思うはずです。この人はもっとアイデアがあるのではないか、何か違うアライアンスもできるかもしれないと。たとえ下戸の社長でも烏龍茶で付き合ってくれるはずです。

親しいけど呑んだことはないというのはたぶん人脈ではありません。会ったことがあるといった程度の上っ面の付き合いです。

やばい人、危ない社長はあなたを「食べ物」だと思っています。

「こいつと付き合って儲けよう、儲からなくなったら捨てちゃえばいいさ」

こういうやばい人と付き合うと生き血を吸われて、はい終わりです。あなたも覚えがありますよね。突然、連絡してこなくなる社長。そう、あの人がやばい人なんです。

てめえの腹を割らない奴に本当のことなんか言えるわけねぇだろ

私は業界新年会というものを毎年企画しています。会計や税金のソフト、会計事務所向けのシステムをつくっているコンピュータ会社のほとんどが集う呑み会です。

毎年、二十数社が集まりますが、全てライバルメーカーです。呑み会でのルールは「パンチやキック」は禁止ということだけです（笑）。いつも喧嘩をしているライバル会社がなぜたくさん集まるのかというと全員、私の呑み仲間、腹を割っているからです。

では人脈はどうやってつくるのか？

それは、とにかく何でもしゃべってしまうことです。自分のこと、会社のこと、困っていること、恥ずかしいこと、自慢話、何でもかんでもしゃべってしまうのです。自分だけ聞き役にまわったり、これは言えないなぁなんてことをしていたら、本当の友達にはなれないのです。

つまり「てめえの腹を割らない奴に本当のことなんか言えるわけねぇだろ」ということです。

だから全部話す。聞きにくいことも聞いてみる。怒られるかもしれないけど突っ込んで聞いてみる。こういうことから人脈というのは始まり、広がっていくのです。

誰も疑わないことは結構怪しい

ところであなたは日本の食糧自給率をご存じでしょうか？

農林水産省の統計資料を見ますと、生産額での日本の食糧自給率は70％くらいです。イタリアやイギリスなどよりずっと高い数値です。

「あれっそんなに高かったっけ、日本の食糧自給率はずっと低かったはず」

こう思われた方も多いと思います。実は農林水産省では、数値の計算方式を変えて国内向けには40％と発表しているのです。

ではどういう計算方式をとっているかというと、日本向けには食糧の「カロリー」で計算しています。

日本人の多くが食べている米や野菜、魚などは総じてカロリーが低いですよね。日本人はチーズや牛肉をがんがん食べる人種ではありません。食料自給率を低く見せるには、カロリーでみせれば良いと農林水産省は考えました。

農林水産省は現在6兆円の補助金を農家の人たちに支払っています。もしこの補助金がなくなってしまったら、補助金を出すための部署の人たちの仕事がなくなってしまいます。農家の人たちに自分たちの言うことを聞かせることもできなくなります。また、農林水産省はあまり国にとって重要な仕事をしていないと思われたら、予算が削られ関連団体がなくなってしまうかもしれません。もしそんなことになったら天下り先もなくなってしまいます。だからごまかすわけです。

別に農業だけではありません。政治家は原子力発電所に反対する人ばかりですが、原子力発電所はなくなりませんよね。なくなるはずがないんです。原子力発電所関連で儲けている人や会社がたくさんあります。献金もしてくれます。政治家にとっては大事なお客様です。こういうありがたい人は大切にしなければなりません。

しかし原子力発電に反対しないと選挙で落選してしまいます。だから「原子力に変わるエネルギーを模索し、最終的には原子力発電所をなくす方向で考えることを検討するような委員会を設置することを粛々と進めていきたいと思います」と、内容がまったくない返答をするのです。

報道されない真実もある

２０１４年の報道の自由度ランキングで日本は世界で59位です。

「えっ、日本って言論の自由もあり世界有数の自由な国では？」

こう思われた方もいると思います。もちろん日本のニュースでウソを流しているわけではありません。きちんと正しく伝えています。正しく伝えるには２つの方法があります。「誰かが言ったことをきちんと伝える方法」と「真実を伝える方法」です。日本のニュースでは政治家や有識者が「言ったこと」をニュースで正しく伝えています。北朝鮮のニュースでも官僚が「言ったこと」を正しく伝えています。どちらの国も言ったことを正しく伝えているのです。それが真実かどうかは別の話なのです。また、伝えなければ真実かどうかを議論されることもありません、韓国が２００６年にパチンコを全面禁止したのを知っていますか？　韓国に数千店あったパチンコ店が一斉に廃業になりました。何兆円もの産業がいきなりなくなったわけですから大きなニュースですよね。

しかし、これを報道した日本のマスコミはありません。こんな報道をしたら日本のパチンコ業界が危機に陥り、パチンコメーカーからの広告がとれなくなります。だから報道はしません。当時なぜか、パチンコメーカーのＴＶコマーシャルが頻繁に流れたことを思い出します。

日本人は集団行動が得意？

スポーツでは火の鳥NIPPON、サムライジャパン、サムライブルーなどの名前を付けて、これらのチームを日本人はみんなで応援します。私もＴＶの前でいつも声援を送っています。

では、その結果はどうかと言うと、あまり芳しいものではありません。

「日本人は体格の差もあるからやはり世界の舞台ではダメなのかな。競技人口が少ないのかな」

いいえ、そんなことはありません。

我々は、漠然と日本人というのは団結力が強く、みんなの力を結集して何かを行うことが得意な民族だと思い込んでいますが、実は日本人は人と一緒に力を合わせて行うことが苦手なのだと思います。

逆に、日本人は個人で行うことには素晴らしい成果をたくさん上げています。スポーツでは個人競技ならば世界で活躍している選手もたくさんいます。日本人で金メダルを取るのはほとんどが個人というのがそれを物語っています。集団競技でも個人個人が集まるもの、たとえばジャンプ競技の日の丸飛行隊、男子の体操団体戦などでは大活躍しています。また、技術の分野ではノーベル賞をもらっている日本人もたくさんいます。つまり、日本人は個人の能力では世界レベルということなのです。

あくまで私見ですが、実は個人主義と言われている外国人のほうが集団行動が得意なのではないでしょうか。外国人は「個人行動が好きなんだけど集団行動が得意」、日本人は「集団行動が好きなんだけど個人行動が得意」なのだと思います。

そう考えてみると社内での事業や新規のプロジェクトなどは、チームをつくって話し合うといった合議制ではなく、ひとりの「できる社員」に任せて、あとの人たちは全てフォローにまわるといった形が日本人には合うのかもしれません。

日本ではみんなで上下関係なく話しあったり、会議では平等に意見を出しあうということが常識になっています。

みんなの意見を聞く、みんなで頑張ろう、チーム一丸となって戦うというもっともらしいことが、実は会社の成長を邪魔しているのかもしれません。

それは本当に当たり前なのか

私の知り合いで抜群に頭の良い人が、営業会社に就職した時のことです。電話をかけてアポイントを取りコピー機を販売するのが仕事です。

なお電話番号のデータはパソコンに登録されていて、パソコンを見ながら電話をかけます。パソコンには電話番号だけでなく、顧客情報、つまりキーマンは誰それとか、社長は朝＊時くらいに出社するといった細かい情報も書き込まれています。

彼は入社した日に、上司から仕事の説明をうけました。

「このパソコンに登録されている情報を使って、電話をしてください。そしてアポイントがとれたら私のところに来てください」

しかし、彼は椅子に座ったまま全然、電話をせずにまわりをキョロキョロ見ています。

上司「どうしたんだ。早く電話しろよ」

彼「いいえ、今日はここに座って先輩方がどんな風に電話しているのかを見させてください」

上司「なんだと、いいかげんにしろよ。情報はみんなパソコンに入っている。それを元にして、みんなたくさん電話をしてアポイントをとっているんだよ。電話もしてみないで何がわかるんだよ。お前もとにかく電話しろよ」

しばらく押し問答が続きましたが、結局上司が折れて「じゃあもう勝手にしろよ」で終わりました。

そして次の日から彼は電話をしてアポイントを取り、コピー機の販売を開始しました。

結果は、なんと入社1ヵ月目にして先輩たちを追い抜き、部署でトップの営業マンになったのです。

なぜ彼は売れたのでしょうか?

それは空白の1日にありました。彼は1日中、売れる人と売れない人をずっと観察していたそうです。

すると売れない人はパソコンの情報を読んで、何時にはドコに電話する、キーマンの誰それを呼び出してもらうといったように計画を立てて電話をしていました。

では、売れる人はどうしていたかというと、パソコンに書かれている情報を一切見ません。電話番号だけを見て、ただひたすらに電話をしていたそうです。

結局、彼が出した結論は、パソコンの情報にとらわれず、とにかくひたすら電話をたくさんすること。電話をたくさんするには、いかに早く電話を切るかにかかっている。コピー機を買いそうにない人が電話に出たらすぐガチャ切りするということに気づきました。

結果、彼が電話する数は普通の営業マンの2倍以上だったそうです。

あなたは「顧客の情報をきちんと管理して、効率のよい営業をしろ」と社員に言っていると思います。営業の常識と言っても良いでしょう。こういうもっともらしいことは誰も疑いません。

しかし実は、この営業の常識が落とし穴なのかもしれません。

もっともらしいことというのは、みな疑問に思わないものです。だから盲目的に信じます。

小さな会社の社長は、大きな会社が気づかない半ば常識化したことに疑問を持つことが必要です。ニッチかもしれませんが、そこにこそ我々のビジネスチャンスがあるのです。

結局、見た目だったりする

小さな会社こそ見た目が大切

新聞チラシでも雑誌の広告でもよいですが、明らかに「ダサい」広告ってありますよね。ダサい広告に載っている商品って買いたくなりますか？　なりませんよね。ダサい広告をつくると、広告費は完全に無駄になります。会社のイメージも悪くなります。良いことは何もありません。

私もそうでしたが、小さな会社は何でもかんでも安くしようとしてしまいます。たとえばチラシの場合、印刷費を安く、紙を安く、デザイン費を安くする。こうして我々のチラシはどんどん貧乏臭くなり、ダサい広告ができ上がるわけです。

広告だけではありません。パッケージにしても同様です。

当社がソフトの販売店だった頃に、ある小さなソフトメーカーから商品を仕入れた時の話を紹介しましょう。翌日、その商品が届き絶句しました。20万円の商品にもかかわらず、ソフトは普通の茶封筒に入っていますし、マニュアルは安っぽいバインダーに綴じられていました。このままお客様に納品するわけにも行かず、仕方がないので事務用品店で、ソフトを入れるための綺麗な箱と高級そうなバインダーに入れ替えて納品に行きました。

お客様はあなたの会社がどんな会社なのかを知るのはどういう時でしょうか。会社がどこにあるのか、社内がどんな様子なのかわざわざ会社に見に来る人はいませんよね。

ホームページや商品のパッケージ、チラシやカタログでどんな会社か判断するのです。ダサいチラシならこの会社大丈夫かなぁと思うでしょうし、貧乏臭いパッケージなら商品も粗悪品じゃないのと思ってしまいます。なんだかんだ言っても見た目は大切なのです。

小さな会社はデザインにお金を渋ります。紙や印刷と違ってデザインは人によって価格が全然違うからです。なら少しダサくても安いほうがいいやとなります。

私は社員がまだ数人の頃、チラシの表裏、2頁分の広告デザインが30万円という高額なデザイナーに頼んだことがあります。このデザイナーは仕事がひっきりなしに来る人気のデザイナーだそうです。かなり悩みましたが、ものは試しと依頼してみました。

大正解でした。大手の広告と遜色ないものができ上がりました。もちろん売上も伸びました。

小さな会社ほど見た目が大切なのです。綺麗なデザイン、素敵な広告はあなたの会社を大きく、素晴らしく見せてくれます。

ただ、デザイナーはたくさんいますが、センスのある人はほんの少ししかいません。いろいろな人に聞いて、優れたデザイナーを紹介してもらったらいかがでしょうか。

写真にこだわる

ある税理士から優秀な弁護士を紹介していただきました。その弁護士の方は30歳半ばで、TVにもよく出演されていて、事務所も勤務弁護士と職員を合わせて80名という大所帯です。

私は聞きたがりということもあり、打ち合わせもそこそこに「先生はどうして、こんなに大きい事務所になったんですか」としつこく聞きました。

いくつかお聞きした話の中で、なるほどと思ったものがあります。

「私はメディアも含めて、自分がどう見られるかということを常に意識してきました。弁護士といったら私の顔が浮かぶような存在でありたいと思っています」

ご自身の写真にも気を配り、先生は事務所に著名な写真家を呼び季節ごとに自分の写真を撮っているそうです。

最近は私も雑誌などのメディアに露出することも多くなったので、ちょっとスゴイ人にカッコイイ写真を撮ってもらいたいという欲が出てきました。聞くところによると撮影料金はだいたい十数万円とのことなので、一生もの（？）と考えれば安いと思い、知り合いのツテをたどって『週刊朝日』などのメジャーな雑誌の表紙や芸能人の撮影もしている有名な写真家の人を紹介してもらいました。

とはいえ正直、そんなに期待はしていませんでしたが、「写真家」は違いました。

撮影時間は2時間。春夏秋冬と服も着替えたりして100枚以上の写真を撮ってもらいました。アングルやライトのあて方なども微妙に変化させて素晴らしい写真（とはいえ被写体の問題は残りますが）になりました。

撮影後に、いろいろな撮影秘話（？）もお聞きし、その時に気づいたのは、カメラマンと写真家を分けるものは、こだわる部分が違うということです。

普通のカメラマンは被写体を正確に映し出すというこだわりはあっても被写体を美しく撮影するというこだわりはありません。

・カメラマンは正確に写真を撮る人

・写真家は美しい写真を撮る人

このへんが微妙に違うようです。

結論から言うと、小さな会社の社長は優れた写真家に美しい写真を撮ってもらうべきだと思います。なぜなら小さな会社は「社長自身が商品」だからです。結局なんだかんだ言っても、人は見た目だったりします。

価格は少し高いですが、一度良い写真を撮ればしばらくの間は様々なことに使い回しできますから、近所の写真館や雑誌などのフツーのカメラマンではなく有名な写真家に撮影してもらうことを強くお勧めいたします。

ちなみに私が撮ってもらった写真家は馬場道浩（東京都）という写真家です。お問い合わせの時にフリーウェイジャパンの井上の本で読みましたと言えばわかるようにしてあります。

検索：馬場道浩　馬場写真事務所　http://www.baba-m.com/

チャンスと勘

チャンスの女神には長い後ろ髪がある

「チャンスの女神は前髪しかない」という言葉をよく聞きますが、私はそんなことはないと思います。チャンスの女神にはかなり長い後ろ髪がある気がします。

私は起業した当時、いくつかのビジネスを行っていました。今でこそクラウドシステム、コンピュータソフト開発の仕事をしていますが、自分自身としては、ソフト開発は当社の事業優先順位では3番くらいの位置づけでした。ですからソフト開発の仕事は、前職の後輩たちが私に仕事を依頼してきた時にしかやりませんでした。

しかし、なぜか次々とソフト開発の仕事がやってきます。お金がないこともあり、しかたなくやっていた感じです。これが、結局ずっと続いていったのです。ちなみに事業優先順位1位と2位の仕事は数年で消滅してしまいました。まさか当社のメイン事業がソフト開発になるとは起業当時、夢にも思いませんでした。

論理的じゃない話は好きではないのですが、チャンスの女神は何回も訪れる気がします。チャンスの女神は手を変え品を変え、「ほらやんなさいよ、あんたにピッタリなのよ、この仕事は」とやってきます。

むしろ「1回こっきりで、これを逃したら……」みたいな仕事はチャンスというより、ヤバイ仕事のような気がします。

会社経営の成功不成功がたった1回のチャンスで決まる、なんてことはありえません。チャンスは何度も訪れるのです。

商売は「勘」かもしれない

商売って結局、論理的に考える、フレームワークがどうのこうのというのではなく、「勘」なのかもしれません。勘というとバカにされそうですが、勘とはその人の経験、知識、知能の集大成だと思うのです。

2010年にクラウドの業務システムのサービスをスタートしました。大々的な広告も行い、東京国際フォーラムのホールで発表会も行いましたが、数ヵ月経っても、ユーザー数は３００にもなりません。

しかし、私はノリノリで次のシステムを開発しリリースしました。それでもユーザー数は５００になるかならないかです。1年が経ちましたがユーザー数はやっと１０００です。それでも次々とシステムをつくる私に社員は不安になったかもしれません。

最初のシステムを発表してから1年半経ちました。すると突然ユーザーが増えだしました。そして毎月どんどんユーザーが増えていき、本書を書いている、今（２０１５年1月現在）４万5千ユーザー（ダウンロード数ではありません。念のため）になりました。

なぜ、私がユーザー数も増えないのに、次々にシステムをつくっていったのか？

今までの経験で、どんなものをやっても、何を販売してもブレイクする前に、何故か1年半かかるということを経験、「勘」で知っていたのです。

２０００年頃にいくつかインターネットのサービスを行っていたことがありました。その中にディズニーランドの混雑情報サイト（現在は終了）というものがありました。これは別にビジネスということではなく、ある展示会に出た時、お客様が全然来なくてあまりに暇だったので、混雑を予測するシステムをつくり、WEBサイトに掲載したものです。

当初、このサイトを閲覧する人は月に数人でした。半年経っても月に100人を超えることはありませんでした。

そんな頃、このサイトがあるケーブルTV局で取り上げられました。「おっ、これでアクセスが増えるな」と思い期待しましたが、結局ほとんど閲覧者は増えませんでした。また半年経ちました。閲覧者は徐々に増えましたが、月に300人程度です。そんな時、今度はメジャーなスポーツ新聞に取り上げられました。やはり閲覧者は増えませんでした。

ところが、スタートから1年半経った頃からなぜか千人、2千人と増えていきました。その後もどんどん増え続け、そしてついに8万人になりました。特に何をしたわけではありません。突然増え始めたのです。

今までいろいろな事業を行ってきましたが、そのほとんどが、なぜか1年半くらいかかって売上が伸び始めるという経緯をたどりました。その時の勘があったので、私はユーザーが増えないのにノリノリでシステムをつくったのです。

勘を養う

勘とは経験、知識、知能の集大成と先ほどお話ししました。

では勘を養うにはどうしたら良いのでしょうか？

経験は何かしない限り増えてはいきません。知能というのは元々の「地頭」ですから今更伸ばすことはできません。すると自分の意志で増やすことのできることは知識だけとなります。

だからどんどん知識を増やしていくことです。知識が増えれば増えるほど勘が当たる確率は高くなります。

また、チャンスも知識があれば、迅速につかみとることができます。知識がなければチャンスとすら気づかないこともあるでしょう。「スゴイチャンスじゃないか」とあなたが言ってもピンと来ない人っていますよね。

ゆえにどんな知識でも良いですから、とにかくたくさん知識を身につけることが重要です。知識は知識を呼び、結びつくことによってどんどん広がっていきます。

ある本で「天才と普通の人を分けるのはたったひとつの知識を知るか知らないか」というのを読んだことがあります。

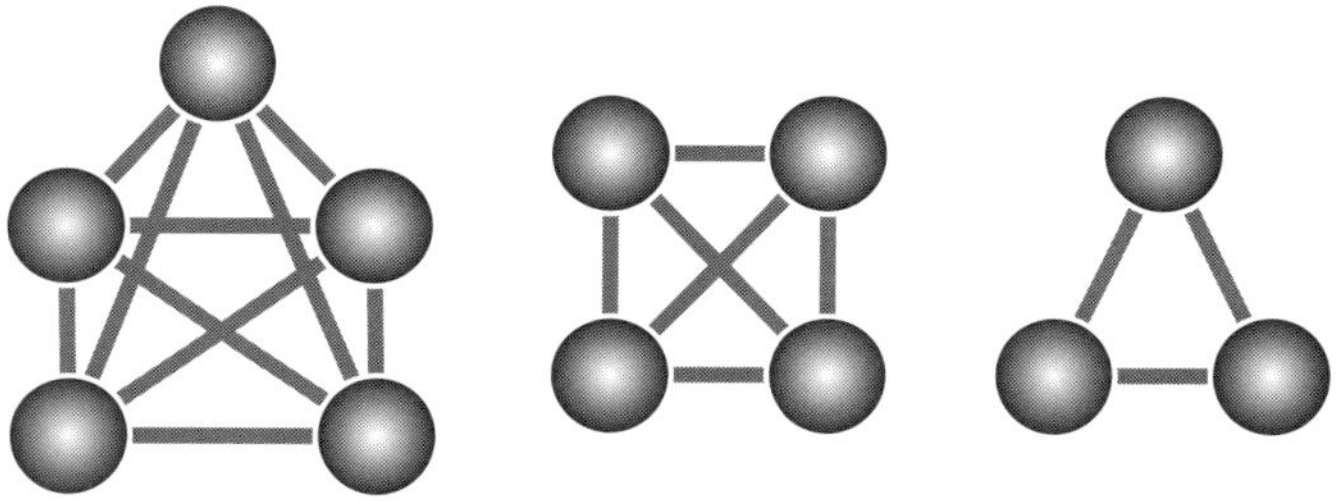

上記の図を見てください。たとえば3つ知識を知っている人は知識のつながりパターンは3個ですが、4つの知識を持っている人は6個のつながりが生まれます。5つの知識なら10…とどんどんつながりが増えていきます。天才レベルの知識を100万個だとするとたった1つの知識の違いは知識の結びつきの数が相当な差になるという話でした。

私は金融の本を書いたことがあります。下賤な話ですが、私は数年前、株で儲けようと思いました。金融についてはあまり知識がないので、株入門という本と金融工学の本を読みました。株入門はともかく金融工学の本にはすごく違和感がありました。

そこで次々と金融の本を読みました。その後50冊くらい読んだ時になんとなく金融というものがわかってきました。学んだ知識はひけらかしたいものです。

明日香出版社の社長に金融の話をすると、本にしたらどうかと言われ、図に乗ってしまい書いたわけです。

本はあなたの業界とは関係ないもの、宗教でも経済でも不動産、自然科学、歴史でも何でも良いのです。どんな知識でも必ず最後はつながっていきます。膨大な知識を学ぶことによりチャンスをつかむことができるようになり、勘も働くようになっていくのです。

Column

偏見なく考える

10年以上前、メールマガジンに「たばこを吸わない人のほうが異性にモテる」と書いたことがあります。

すると、反論のメールがたくさん来ました。たしかにたばこを吸う人にとっては「おいおい、ちょっと待てよ」ということなんだと思います。

ただ私が言いたいのはことの良し悪しではなく、たばこを「吸う人」と「吸わない人」どちらがモテるだろうかという「たったひとつのこと」だけなんです。

しかし、なかなか人には正しく伝わりません。私自身、ヘビースモーカーですから、吸う人をバッシングしたわけではありません。

毎日頭を洗う人と3日に1回の人どちらがモテるでしょうかということと同じなんです。

前著では政治家批判みたいなものも書きましたし、本書では女性社長が気を悪くするようなことも書きました。これも同様で、批判ではなく、これはこういうものという認識をしているだけなのです。善人も悪人も人はみな自分は正しいと思って行動していますし、それを変えることはできません。世の中はその多くの人間の集合体です。

・資本主義ではお金をたくさん持っている人や会社が偉い
・政治家は選挙の票やお金で動く
・格差社会は当たり前

良い悪いというわけではなく、世の中はそうなっているのです。人間はみな公平でなければならない、そんなの不公平だと言ってみても世の中が変わるわけではありません。こういう世の中でどう考えるか、どういう行動をするかということが必要なのです。

私が日々気をつけているのは「いかに偏見なく考えるか」ということです。人間にはバイアスがかかります。嫌いなものは批判的になるし、好きなものには好意的になります。もし自分が当事者なら自己弁護したくなります。

偉そうなことを言っている私自身にも様々な偏見、バイアスがかかっています。いかに本質をとらえるか、物事にとらわれないようにするかと常に気を配っていますが、それがまたなかなか難しいんですよね。

第5章

本質をつかむ

私はいつも「本質は何か」ということを考えて仕事をしています。ビジネスで問題が起こっても、マーケットに異変があっても、本質がわかっていれば何らかの対応の方法はあります。

本質と言っても何か難しいことを言っているわけではありません。本質を考えるというのは、根っこの部分はどこにあるのかを考えることです。

人間は感情に左右されやすく、自分が期待する情報だけを信用するといった面もあり、冷静に物事を判断できないことがよくあります。

しかし、重大な局面では、慎重に「本質は何だ」「本質はどこだ」と自分に問いかけて判断することが重要です。

怒りが本質を見失わせる

当社でプログラマを採用した時の話です。

彼は入社した月こそ、数日休んだだけでしたが、次の月からは1週間、その次の月は2週間、そして最後の月は数日会社に来ただけでずっと休んでいました。その間は仕方がないので、知り合いに頼んだりして何とか開発を行いました。無断欠勤もあり、こちらから電話して身体の具合を聞いているような状態が続き、ついには電話をしても出なくなりました。携帯電話はもちろん家に何回電話をしても誰も出ません。

それでも毎日電話してようやく夜中になって電話がつながりました。電話に出たのは奥さんです。奥さんは「まだ帰ってきていませんけど。毎日、会社には行ってますよ」とのこと。

そこで奥さんに「会社を無断欠勤でずっと休んでいます。今まで払った給与は返さなくてよいですから、もう会社に来なくてよいです。解雇と伝えてください」とお話ししました。

そして数週間後、労働基準監督署から連絡が当社に来ました。未払い給与の件で聞きたいことがあるから出頭せよとのこと。私はほとんど会社に来ない彼にも満額の給与を支払っていましたから、胸を張って労働基準監督署に行きました。

すると女性の方が出てきてこう伝えられました。

「井上さん解雇予告手当が支払われていません。残業代も未払いです」

そもそも会社に来ない奴が残業なんてしているはずがありません。解雇予告手当も含めて百数十万円を支払えというお話です。

私は、会社に来ない、無断欠勤を繰り返す彼のために人も雇い、働いていない日まで給与を支払ったんですと言うと「それは民事ですから関係ありません。ここにハンコ押してください」と言われました。

「ここにハンコを押すのはどういう意味ですか。認めたということではなく、あなたの話をきいたというのならば押しても構いませんが」

それに対し、労働基準監督署の方は「ハンコ押してください」。

ずっとこれを言い続けます。もう一度、念を押しハンコを押して帰りました。会社に戻り、顧問の社会保険労務士にそれを伝えると「一応、労働基準監督署に電話して、私が確認してみます」とのこと。

こうして、社会保険労務士が電話すると突然のことで驚かされました。

「井上社長は納得してハンコを押されました」

労働基準監督署の女性の方はこのように言い切ってくるのです。

その後、労働基準監督署に何回も足を運びましたが、埒が明きません。こうなったら戦いです。

ある人から日本で一番実力があり、労働争議に強いという社会保険労務士を紹介してもらいました。労働関連の本を何冊も読みました。違う労働基準監督署にも相談に行きました。すると何とか道が開けてきそうです。

「よしっ、これなら勝てる！」

そう思った時にふと「今回の問題の本質は何か」ということが頭をよぎりました。私は頭に血がのぼり、とにかく労働基準監督署に勝つことだけを考えていました。本質は何かということを考えていなかったのです。

私は次の日に労働基準監督署へ行き、こう伝えました。

「わかりました。ではこの百数十万円を彼に支払います。当社に落ち度があったことを彼にお詫びし、会社がもっとよくなるためにはどうしたら良いのか彼からアドバイスをもらいたいので、お金の支払いは手渡しにしたいと思います」

これで労働基準監督署とは円満解決です。そして彼にはお金を取りに来て欲しいという内容証明と彼が休んでいる時に手伝ってもらった人に払ったお金を支払えという「民事」の内容証明を送りました。

結局、彼は会社にお金を取りに来ることはありませんでした。

今回の問題の本質は労働基準監督署と戦うことではなく、働いていない奴にお金を支払わないということだったのです。何とか論破してやろうと躍起になっていたことが、本質を見失わせていたのです。

後日談ですが、彼は車に轢かれたといっては保険会社に何度も保険料請求を行い、保険会社からもブラック扱いされていたそうです。

経営理念の本質とは社長の生きざま全て

私はセミナーや講演会などがあまり好きではないのですが、ある税理士に勧められ哲学者で東海大学名誉教授の四竈正夫《しかままさお》先生の話をお聞きました。一番印象に残ったのがカンニングのお話です。

ある時、四竈先生は、カンニングをした生徒を落第させようとしました。その時に、同僚から「カンニングは悪いですが、落第までさせなくてもいいんじゃないですか。

先生も学生の時、カンニングくらいしたことがありますよね」と言われたそうです。

四竈先生は、同僚を烈火のごとく怒ったそうです。

「俺は生まれてから一度もそんなことをしたことはない。そんなずるいことをしてまで成績を上げようなどと一時も思ったことはない」

感銘を受けました。これは四竈先生の哲学なんですね。

「ずるいことをするのは自分の生きざまに反する行為。だから絶対にしない。死んでもしない」

これが自分のルールなんです。

「経営理念って会社経営では一番重要ですよね」という人がいます。

しかし、私は会社が小さいうちは経営理念なんていらないと思っています。経営理念で会社が儲かるならつくるべきでしょうが、素晴らしい経営理念なのに倒産してしまった会社は数知れません。

また経営理念に良いことが書かれていても、経営理念とは真逆のことをしている社長にもたくさん会ってきました。

たぶん経営理念というのは社長自身の本質、信念、自分に対する約束、ルールなんだと私は思います。本人が心の底から「こうだ」というものがない限り、経営理念なんて絵に描いた餅です。会社案内に書くため、ホームページに掲載するための言葉遊びです。

そんなインチキな言葉遊びをしている時間があるなら、お客様のところに行ってひとつでも契約を取って来るべきです。

もし、経営理念に社会貢献と書くのならば、たくさんお金を稼いで寄付したり、税金をたくさん払えばよいのです。これが経営者としての社会貢献です。就業時間中に経営者仲間と社会貢献ごっこをするのは社会貢献ではありません。

経営理念なんて社員が増えてからで良いのです。会社が小さいうちは社員との接触も密です。ですから自然と社長の性格もわかってきます。社員にとっては社長自身の言動、行動、判断など全てが経営理念と言えます。つまり小さな会社では社長自身の経営理念を社員は毎日身近で見ていることになります。

だから経営理念なんて不要なのです。会社が小さいうちは理念云々を考える時間があればまず稼ぐことが重要だと思います。

とはいえ経営理念が不要とは言っていません。会社が大きくなり、社員が増えてくると社長は社員と接触する時間が少なくなります。全然、話もしない人も出てくるでしょう。

その時に初めて経営理念というものが必要になってきます。社長は何を考えているのかわからない、どんな人なのかわからないという社員が増えてきた時に初めて、裸の自分の言葉で経営理念を伝えればよいのです。

営業の本質

ブルーオーシャンがどうのこうの、フレームワークがあーだらこうだらといろんな本がありますが、儲かる方程式なんて言うものが本当にあるのか甚だ疑問です。

この本はマーケティングの本ではありませんから、こういう話はそういう先生方にお任せするとします。

ではさて、営業の本質、販売の本質とは何でしょうか?

ある時、知り合いとともに神楽坂にある有名な居酒屋に行った時のお話です。有名ということで期待して行ったのですが、味はまぁ普通です。うまくもまずくもありません。特に安いということでもありませんでした。

「ここが有名なのは地酒が多いからかな」

少しがっかりし、お勘定を支払おうとするとお店の人が「最後にお味噌汁を飲んでいきませんか。無料です」とのこと。

もう一度席に座り直し、少し待つと我々の前に蟹がドンと入っている味噌汁が登場しました。これが美味い。なるほど有名なのはこういうことかと納得しました。

また、市ヶ谷にある「ささや」というお店は有名店。なかなか予約が取れません。やっと予約をとって入店するとレトロな造りです。料理も美味しいし、他ではなかなか食べられないようなものもあります。1時間ほど美味しい料理とお酒を堪能し、さてトイレに行こうとするとなんとビックリ（ここはたぶん企業秘密なので来店しておたしかめください）。それからというもの、いろんな人をこのお店に連れて行きビックリさせています。

社長がお住まいの地域にもあると思いますが、角上魚類という魚屋さんがあります。

ここも大繁盛です。土日は駐車場が一杯です。ここには普通のスーパーでは売っていないような魚が目白押し。魚も新鮮なものが大量に陳列され、しかもその場でさばいてくれます。

たしかに、スーパーのようにきちんとパックされているほうが見た目は綺麗ですが、新鮮そうには見えませんし、魚をその場でさばいてもらうなんていうこともしてくれません。

私がこれらのお店から学んだこと。それは「サプライズ」です。

「いかにお客様をビックリさせるか面白がってもらえるか」

実はこれが営業の本質だと思うのです。もちろんマーケティング的にはいろいろあるんでしょうが、サプライズを受けた人間は、みんなにそれを自慢したがるのです。ドヤ顔をしたいんです。「ほらスゴイだろ、ビックリしただろ、そんなお店を知ってる俺ってスゴイだろ」と言わんばかりに。

「ビックリするほど安いのもサプライズではないか」という人もいるかもしれませんが、残念ながら値引きや安さでは人に感動を与えることはできません。

そして、人に感動を与えるのは、何も店のつくりやプレゼントだけではありません。比較にならないぐらい良くできているというサプライズもあるでしょうし、とんでもなく業界に詳しい、とてつもない人脈があるという「モノ」以外のサプライズもあるでしょう。

成功している会社にはこうしたサプライズが必ずあります。

「どこでも売っている物をちょっと安い価格で、たいした知識もない営業マンが売る」

こういう会社、サプライズがない会社というのは遅かれ早かれなくなってしまうと思います。

当社、フリーウェイジャパンがなぜ、会社経営に必要な経理や給与計算、顧客管理、販売管理、勤怠管理システムなどを無料で提供しているかというとこれもサプライズです。

少し使ったら数ヵ月後には有料ですとか、この機能を使うにはお金を払ってくださいというのではサプライズになりません。ずっと無料（人数制限はありますが）、機能制限なしというのがサプライズなのです。

あなたの会社でも一度、サプライズなモノ、サービスを考えてみたらいかがでしょうか?

常に本質は何かと自問自答する

本質がわかれば、なぜこういうことになるのか、どうしてこの人はこんなことを言うのか、世の中の大きな流れはどうなっていくのか、その理由がおぼろげながらわかってくると思います。本質がわかれば世界経済や国内の景気も予測がつきますし、今日の晩御飯に何が出てくるかという予測もできます。

本質がわかっていないと惑わされることがあります。朝三暮四《ちょうさんぼし》という言葉があります。中国、宋の国の話です。

飼っている猿に与える餌を減らそうと考えて、狙公《そこう》は「これからはどんぐりを朝に三つ、暮れに四つにする」と言いました。猿が「少ない」と怒ったため、「では朝に四つ、暮れに三つあげよう」と言い直したところ、猿は喜んだという話からこの言葉が生まれました。

つまり、朝三暮四とは結果が同じなのに言い換えることによってだますという意味です。

この朝三暮四は日本では国民に対してよく使われる「手」です。

たとえば、株価を上げるのは実は簡単で、金融緩和（お札を刷る）すれば良いのです。金融緩和でお金の価値が落ちると、円安になります。もし3割の円安になれば国内全ての資産価値が外国から見たら3割安くなるということです。

むろん株もそうです。海外投資家は今までより3割安く日本の株を買うことができるので、これはお買い得だと日本の株を買います。これによって株価は上がります。

そして政治家は私の景気対策のお陰で株が上がって景気が良くなったというのです。

しかし、これは朝三暮四で、世界から見たら日本の株価は上がったわけではないのです。実は株価は外国から見れば前とおんなじなのです。

本質というのはよく目を凝らすと何かおぼろげに浮かび上がってくる気がします。

お客様は安いから買っているのか、サービスが良いから選ぶのか、今、困っていることは実は違う所に原因があるのではないだろうか？
本質をよく考えて行動してみてください。

Column

アマゾンでの本の買い方

私はよくアマゾンで本を買うのですが、よく我々を惑わすものが「星の数」。もちろん星の数が多ければ多いほど「良い本」なんですが、読んでみると、何か時間を損したなぁという本がたくさんあります。私もよくだまされますが、あなたもそういう経験ありますよね。なぜそんなことが起こるかというとインチキをする人がいるからなんです。アマゾンもここはかなり気にしていて、怪しい投票や書評などは排除しているようですが、それをかいくぐって自ら星を増やす著者もいるようです。

ではどうしたら良いのか。チェックポイントは3つです。星の数・出版された日・書評が書かれた日を確認するのです。これは本を書いた人にしかわからない貴重なお話です。私は今まで9冊の本を書きましたが、一番売れたのが、前著「小さな会社の社長の戦い方」です。いったい何部売れたのかと言うと、実数で1万5千冊です。

えっ少ないですか? ビジネス書の場合、1万部でヒット、2万部でベストセラーと言われています。小説のように何十万部なんてことはありません。だから初版も大抵は4千部くらいです。最初から1万部印刷するという本もないわけではありませんが、よほど著名の人でない限り、出版社はやりません。大量の返本が怖いということもありますが、著作権料の問題が大きいと思います。著作権料は、売れても売れなくても印刷部数で著者に支払うことになっているからです。

話を戻します。今までの経験でアマゾンに書評を書く人の率は、販売冊数が千冊にひとりくらいのようです。つまり1万部売れた本だと10コくらいの書評がかかれます。また発刊されてスグ書評が書かれるということもないようです。つまり発刊したての本なのに星が多い本、書評がずらずら書かれている本は正直怪しいと考えるべきでしょう。次に日付です。近い日付の書評ばかりの場合、著者のお友達が一斉に書き込みをしている気がします。

まぁどうでもいい話なのですが、あなたの貴重な時間をうばう本というのは経営にも影響することなので書いてみました。聞いた話ですが星ひとつというのは大抵、著者に対する個人的な怨恨だそうです。

第6章

大きな会社になるために

最近は、大きな会社のＴＯＰと話をする機会が増え、様々な「気付き」を頂戴しています。その中でも特に創業社長として叩き上げで大きな会社を築き上げた社長たちからは、たくさんのことを学ばせていただきました。

そして最近、会社を大きくする秘訣が何となくですが、わかり始めてきました。

本章では、ある程度で伸び悩む会社と突き抜けていく会社の違いについてお話ししたいと思います。

社長がすべき仕事はふたつだけ

社長は何でもやる人

社長はどんな仕事をしたら良いのですかということをたまに聞かれます。

「社長には社長のやることがある。苦手なことや社長がやるべきではない仕事は他の社員にどんどんやらせる。営業が得意な奴、管理や資料づくりが得意な奴など、自分が苦手な部分は得意な奴に任せて、社長にしかできない仕事に邁進することが重要なんだ」

偉そうに言っていた社長を何人か知っています。

しかし残念ながら、こういうことを言っていた社長は私のまわりから全ていなくなりました。そうです。倒産してしまったのです。むしろ手当たり次第、思いつくままにがむしゃらにブルドーザーのようにやっている社長のほうが成功している気がします。

特に創業時や会社が安定していない時には何でもかんでも全て社長がやるというのは当たり前です。ひたすら作業する。何も考えずにひたすらやることが重要です。

ただ、それだけではダメなのが社長業です。小さな会社の社長業とは、「普通の社員がする仕事もやる。その上で社長しかできない仕事もする」、これが小さな会社の社長の仕事のやり方なのです。

現在と未来の仕事

小さな会社の社長は、何でもするのが必須です。しかしそれだけではダメです。社長がすべき仕事にはふたつあるのです。

ひとつは、先ほどの何でもやるという「今のお金を稼ぐ仕事」です。そしてもうひとつが「未来の準備」です。社長はこのふたつを同時並行して行うことが必要です。未来のことばかり考えていたら、今日必要なお金が入って来ません。

また今の仕事ばかりやっていたら明日突然、仕事がなくなることもあります。普通の社員と違う部分はここなのです。

参考になるかどうかわかりませんが、私はどうしているかといいますと朝、Ａ４一枚の白紙に「本日のお仕事」と表題を書き、しなければならないことを書きます。細かいことも具体的に思いつくまま全部書きます。

そして書き終わったらあとは一切何も考えずに、書いたとおりに作業を黙々とこなし、終わったら×をつけます。

パソコン（マイコン）歴が30年以上ですし、クラウドメーカーの社長ですから、何でもかんでもパソコンで仕事をしているのではないかと勘違いされるのですが、コンピュータには向いているものと向いていないものがあります。

でき上がったものを整理するにはパソコンは良いですが、自由な発想が必要な時や作業を考える時はアナログ、つまり紙のほうが良いと思います。マインドマップなども良さそうに見えますが、系統など何も考えずに、白紙に思いついたことをずらずらと書いていったほうが柔軟な考え方ができるような気がします。

大きくなる会社と大きくならない会社の違い

大きくなる会社は社員がお金の決済権を持っている

大きくなる会社は要職の社員がお金の決済権を持っています。いつまで経っても大きくならない会社の特徴は社長しかお金の決済権を持っていません。

社員が数名の小さな会社ならともかく社員数が１００人を超える会社の役員や部長が10～20万円くらいのお金にもかかわらず「これは社長に聞いてみないとわからない」という返答をする会社が結構あります。

大きな会社にならない理由のひとつにお金の決済権を社員に渡さないということがあります。小さな会社だった頃からの名残で、何をするにもいちいち社長にお伺いを立てるという風習が残っているからでしょうが、日本は資本主義です。

何をするにもお金が必要です。要職の社員にお金の決済権を渡さないなら、こういう意味のない役職自体を廃止すべきだと思います。こうしたお金の決済権を社員に渡さない会社は、遅かれ早かれ企業間競争に敗れてしまうでしょう。

子どもへお小遣いを渡す時にいきなり1万円を渡す親はいません。10円、100円、1000円と徐々に大きなお金を渡していきます。その中でだんだんお金の使い方を覚えていくのです。

社員も同じことです。お金を使いながら、失敗しながらお金の使い方を覚えていくのです。今まで社員にお金の使い方を教えなかったくせに、いきなり大きなお金を渡し、新規プロジェクトを任せ、失敗したら全部、社員の責任ではいくら何でもかわいそうです。

大きな会社を目指すのであれば、まずは役職に応じてお金の決済権を少しずつ与えてみてはいかがでしょうか。損は教育だと思うべきなのです。

太鼓持ちの撲滅と本当のことを言う社員の育成

大きな会社になれない、足踏みしている会社に必ずいるのが太鼓持ち社員です。イエスマンの進化系である太鼓持ち社員が会社をどんどん衰退させていきます。

こういう太鼓持ち社員にはすぐにでも辞めてもらいたいところですが、これがなかなか大変。なぜかと言うと太鼓持ち社員かどうかを判別することがなかなか難しいからです。

頭の悪い社員ならあからさまなので、おだてられている方もわかるのですが、頭の良い社員は巧妙に太鼓を叩きます。社長が喜ぶような反抗（表現が難しい）をしてみたり、「なるほどそれは気づきませんでした！」と太鼓を叩きます。

太鼓を叩かれている社長は、「うむ、こいつはよくわかっているな」と太鼓持ちを大切にします。そして会社の要職につけます。

その結果どうなるかというと、他の社員たちの気持ちが離れていってしまうのです。「なんだあいつ、また太鼓を叩いているよ。ああいう奴を大切にしている社長も困った人だよな」と陰で思っています。あなたも他社に行った時、先方の社長の太鼓持ちにたくさん出会っていると思います。

ただし、その社長は気づきませんよね。でも実はあなたも同じなのかもしれません。一度、冷静に考えてみてはいかがでしょうか。

逆に、大きな会社には必ず社長に対して「本当のこと」を言う社員がいます。正論を言うために社長としては嫌な存在です。

「それでは効果がありません」

「そんなことやったら社員のモチベーション下がりますよ」

「それは社長のほうが間違っています」

いやなことばかり言います。

しかし良薬口に苦し。本当のことを言う社員が実は会社の成長には大切なんです。

もちろん意地が悪く特に何の意見もないのに、何にでも反抗する奴もいますので、彼の言うことが正論かどうか、注意深く話を聞くことも重要です。

とはいえ、社長であるあなたに嫌われることを覚悟して言っているので、たいていは本当のことを言っているような気がします。

あなたとしても彼が会社のためを思って発言しているのはわかるのですが正直、あなたのやることにいちいち意見する奴です。あなたにとって、あまり良い気はしない社員だとは思います。

ただ巨大な会社に必ずいるのが、この本当のことを言う社員です。こういう社員がいて初めて会社が大きくなっていくのです。

利益は大きさ・スピード・長さで考える

我々社長は、これはたくさん儲かりそうだと新しい商品の販売を始めたり、これから儲かるのはアレだと新しい事業を起こしたりします。

ではたくさん儲かるというのはどういうことなのでしょうか？

新しいビジネスを起こす時に瞬間的な売上や利益だけしか見ない社長は非常に多いのですが、小さな会社を大きくさせるならば、あとふたつ確認すべきことがあります。

それは何かと言うと「スピード」と「長さ」です。

たとえば次の3つのビジネスがあるとします。

①5年後に5億円儲かるビジネス
②毎年1億円儲かるビジネス
③スタートしてすぐ3億円入金され5年間は無料でサポートするビジネス

あなたならこの3つからどれを選択しますか？

5年後に入ってくる5億円は魅力的ですが、5年の間に資金繰りで倒産してしまうかもしれません。

一方、毎年1億円儲かるビジネスは安定的ではありますが、未来永劫続くことはないでしょうし、徐々に解約されてしまうかもしれません。

もう一方のスタートしてすぐ3億円入ってくるビジネスは、最終的な利益は先ほどの2つのビジネスより利益総額は少ないですが資金的に厳しい時にはなかなか魅力的です。

さて、この3つの中のどれが正解なのでしょうか?

スミマセン、実は正解はありません。個々の会社が置かれている状況によって異なるからです。

先ほどのスピードというのは入金される早さのことを言います。小さな会社の資金繰りは大変です。小さな会社の場合、お金が入ってくるまでの、事業が立ち上がるまでの「スピード」が大切です。大きく儲かるかもしれないけれど入金されるのはかなり先のものだと会社が倒産してしまうかもしれません。

その場合、額は小さいけれど早めにお金をもらうほうが得になることもあります。

小さな会社は利益の大きさだけでなく、入金されるスピードをよく考えてから、新しいビジネスを行うかどうかの判断をすべきだと思います。

もうひとつが「長さ」です。寿命と言ってもよいでしょう。どんな商品、サービスも必ず終わりが来ます。人間と同じように不老不死のビジネスは存在しないのです。

たとえば年間100万円しか儲からないけれど30年間継続できるビジネスがあるとすれば、トータル3千万円のビジネスということになります。先ほどのスピードの考え方とは逆ですが、どれだけ長くそのビジネスを続けられるかということも重要です。

ですから小さな会社は「どのくらいの期間でいくら儲かり、いつまで継続できるのか」を計算してビジネスを立ち上げてください。

自分より頭の良い社員を採用する

卵が先か鶏が先かではありませんが、大きな会社には優秀な人がたくさんいます。会社が大きいから安泰、給与が高い、素敵な場所に会社があるという理由もあるでしょう。こういう会社に我々は対抗するすべがありません。

だからこそ採用にはお金をかけなければなりません。結局のところ会社は「人」なんです。頭の良い人、仕事ができる人を雇えば自然に会社は大きくなっていくのです。できれば社長よりも優秀な人をたくさん雇いたいものです。社長ひとりの力でも会社は存続できるかもしれませんが、それだけでは大きな会社にはなれません。

社長「＊＊くん、明日までにこのお客様に提出する資料をつくっておいてくれ」

できの悪い社員：
「えっ、社長、明日までなんてムリですよ。これからお客様の所に行かなければならないので。ところで資料って何の資料でしたっけ」

優秀な社員：
「社長、もうできています。机の上に置いておきました。ところで、資料に足りない部分がありましたので、追加しておきました。一応、目を通しておいていただけませんか」

大きな会社は、優秀な人を採用しなければ会社が繁栄しないということを知っているんです。だから採用にお金をかけて優秀な人を採用するのです。ところで優秀な人とは、元々の頭、地頭の良い人です。出身大学だけで評価してはいけません。暗記力だけで有名な大学に受かっちゃった人もいるのです。

また、以前社長をしていた、ある部門の部長だったという人なら頭も良いだろうと自分の片腕として採用する社長もいらっしゃいますが、正直言ってよい結果が出たという話は聞きません。社長はつい「要職についていた人だから、仕事ができる人、TOPの心がわかる人に違いない」なんて思ってしまうのでしょう。

しかし、それは違います。善意の誤解から生じた過大評価です。要職についていた「できる人」が転職すると言うことは普通ありません。会社が倒産したか役職として不的確だったからでしょう。ダメな人だったから、会社がダメになったのです。要職をおわれたのです。社長の会社に入ったからといって、このダメぶりが変わるわけではありません。

アメリカでは、1度会社をつぶした経営者が、再びチャンスをつかんで這い上がってくるという話は珍しくないようです。

ただし、それはあくまで経営者として復活するということであって、サラリーマンとして復活するわけではありません。特に以前、経営者だった人なら、社長はたぶんこう言われたら嬉しいだろうなと推測して、社長には良い報告だけしか伝えない太鼓持ち社員になる可能性もあります。

会社の戦いとはイコール「頭の戦い」です。小さな会社こそ、優秀な人をお金をかけて採用したいものです。

女性社員を採用する

大きな会社の場合には女性社員より男性社員を多く雇うのが一般的なようです。男性社員なら長く勤めてくれますし、地方への転勤、海外勤務なども会社の都合で勝手に（？）できます。労働時間が長くなっても体力がありますから頑張れます。

そういうわけで優秀な男性社員は大きな会社に流れていってしまいますから、小さな会社が優秀な男性社員を獲得するのはなかなか大変です。

そこで、小さな会社は優秀な女性社員を雇いましょう。能力的には男性も女性もまったく変わりません。先ほどの転勤や労働時間などもこちらがきちんと考えてあげれば済む話です。

昔は「営業は男性、事務は女性」という考え方がありましたが、今は営業マンが女性でも何の問題ありません。むしろ営業は女性のほうができるのではないかと思うことがあるくらいです。無理やり出来の悪い男性社員を雇うなら女性のほうがずっと仕事ができると思います。

社員をだまさない

当社でアルバイトをしていた大学生のお話です。彼はある大手企業に就職が決まり年末にバイトをやめました。そして翌年の春になり電話がかかってきました。

「井上さん、お久しぶりです。無事、入社できました。そして今、会社に慣れるためのオリエンテーリングというかゲームをやっているんです」

「ああそう、良かったね。中小企業はすぐに仕事を覚えさせるんだけど、大手はじっくり人を育てるんだね」

「ええ、そうなんです。で今、新入社員同士の親交を深めるためカード獲得ゲームというのをやっているんです。それで電話しました」

「何、カード獲得ゲームって」

「数人がひとつのチームになってクレジットカードの契約を獲得して、どのチームが一番多くカードをゲットできるか競うゲームなんです。井上さんカードつくってくださいよ。もちろん無料です」

まぁ誰が何をさせてもいいんですが、大学を卒業したばかりで、右も左もわからない新入社員に縁故でクレジットカードをゲームと称して契約させるなんて、アコギな会社だなぁと思いました。たちが悪いのは、新入社員にゲームだとウソをついて営業させるという汚い根性です。

「クレジットカードの契約を取るという仕事をまず覚えましょう。クレジットカードを契約するとカード会社から当社に契約料が支払われます。またこのカードでお買い物をしてくれたら当社に数%のマージンが入ってくるしくみになっています。みなさん会社のために頑張ってください」

このように説明すればよいのです。

ゲームですなんてウソをついたって1年も経てば、新入社員だってわかります。バカじゃないんですから。

ひどいことをさせる会社だなぁと思いましたが、キラキラしている彼にそれを言ってもわからないと思い、カードをつくってあげました。彼は「ありがとうございます!」と喜んでいました。そして1年後、キラキラしていた彼はどんよりとした人になり、2年後には退社しました。

新入社員は大学を卒業したばかりの時は、何もわからないままに仕事をするかもしれませんが、だんだん悪いことと良いことがわかってきます。そしてやる気がなくなり会社を辞めてしまいます。特に、優秀な人ほど会社のウソを見破り、呆れ果ててさっさと辞めてしまうのです。

損する激励は通じない

インターネットの黎明期、ある大型書店がネットカフェを経営することになりました。今でこそネットカフェは一般的ですが、当時はインターネットをするにもインフラがなく、どこでもインターネットが使えるという状況ではありません。

そこである大型書店の社長は、ネットカフェの経営を思いつきました。ネットカフェを開業し、新たな収入源にしようと考えたのです。

当時、当社はパソコンの製造と販売も行っていましたので、パソコンをたくさん発注して頂きました。設計会社は打ち合わせを重ね、おしゃれな店内を設計し、内装会社による施工や配線工事も始まりました。スタートはあと3ヵ月、このプロジェクトの関連各社は納期にあわせるために毎日、必死に工事を行いました。

ところがある日、書店の担当者から「中止になりました」と連絡がありました。財務内容もしっかりした書店だったので、工事会社には途中までの工事代金、設計料などは全てきちんと支払われたそうです。かなり広い店内でしたし、ほとんどでき上がっていましたから書店の社長はたぶん数千万円は支払っているはずです。当社はまだパソコンを製造していませんでしたので、何の問題もありませんでした。

しかし、いろいろな関係者にどうして中止になったのか、理由は誰に聞いてもわかりません。書店の社長もこの事業にノリノリでしたし、工事でも何の問題も起こっていませんでした。

数ヵ月経ったある日のこと、その時の工事会社の社長とたまたま会う機会がありました。

「井上さん、ネットカフェが中止になった件ありましたよね。理由がようやくわかりましたよ。実は、大型書店の社長が定年間近の専務（担当者）にこういったらしいです。この事業は専務に任せたんだから張り切ってやってくれよ。失敗したら退職金がなくなると思って頑張ってくれ」

この話を聞いて、ピンと来ました。

たぶん専務の頭の中は、「失敗したらオレの退職金がなくなる。失敗したらオレの退職金がなくなる。もうダメだ。中止だ。中止だ。中止にしよう」。こんな感じだったんでしょうね。

社長がハッパをかけるために言ったたわいのない言葉、激励の言葉が専務には理解できなかったんでしょう。大型書店の専務といっても所詮はサラリーマン。社員には損する激励は通じないということです。

社員はほんの少しでも自分にリスクがあるものには反対するものなのです。

「社長！　もし失敗したら今月の給与はいりません。そのかわり成功したら大幅に給料アップしてくださいよ」

なーんていう前向きな人はほとんどいません。我々社長はクビを覚悟で頑張ってくれ、このままじゃボーナスはないよといった励まし方をよくしますが、小さな会社の場合、こういう激励はやめておいたほうが賢明です。先ほどの専務と同じことになります。まず良い結果は生まれません。

同様に、「社員に会社が全然儲かっていない。倒産するかもしれない」という危機感を与えて、仕事を頑張らせようとする社長もいますがこれもダメです。大きな会社と違い小さな会社の場合、社員はよしっ頑張ろうと思うどころか、もうダメだ、転職する準備をしようということになりかねません。

小さな会社での危機感は、社員にとっては恐怖にしかなりません。小さな会社の場合、社員にはネガティブな言葉ではなく、夢を語る、将来を目指すといったポジティブな言葉で社内を盛り上げて言ったほうが良いでしょう。

社員に軽蔑されることはしない

私の前職の先輩が社長をしている会社のシステムを当社でつくっていました。ある日、その会社の女性社員から電話がかかってきました。

「井上さん、1千万円のご請求を頂きましたが、お支払いできません」

何でですかと聞くと女性社員は「ちょっと待ってください」と言います。どうやら隣にいる人に何か指示されて、いやいや電話をさせられている様子。隣にいる人はたぶん私の先輩です。何だかよく意味がわからないことを言っているので、こう返しました。

「わかりました。別に先輩の会社だからいいですよ。お金支払わなくても。でもね、自分で電話してくるのではなく、貴女に電話させてくるなんて男らしくない人ですね。彼は私のケータイ番号も知っているはずだし」

ほどなくして、その女性社員は退職。その後も先輩の会社の社員は次々と会社を辞めていきました。どうやら先輩の女々しさが社内に伝わったらしく、男らしくない、みっともないことは全部社員にやらせる奴だと求心力を失ってしまったようです。

社長業で一番まずいのは社員から軽蔑されることです。社長の破廉恥な行為、信頼を裏切る様子を社員は、じっと見ています。社長は社員から尊敬される人でなければなりません。

「うーん難しいなぁ」という方もいると思います。

では百歩譲って、少なくとも社員から軽蔑されるような行為は止めましょう。一度でも軽蔑されてしまったら、おしまいです。

「社長は昔さぁ、こんな恥ずかしいことしたんだぜ」

いくらいばっても、良いことをしてもずっと言い続けられてしまいます。社員からの軽蔑は一切リカバリーできないことだと知っておくべきです。

恨まれない

今から十数年前、様々な会社が集まるコンピュータの博覧会に出展しました。その時、当社の展示ルームにお客様がやってきました。すごく横柄で嫌な感じの人です。とはいえ、こちらも商売。懇切丁寧にソフトのデモンストレーションをしました。

ひと通り説明を終え、最後に「お客様、名刺をいただけますか」と言って私は名刺を差し出しました。それでも彼は､私の名刺を受け取ったまま立ち去ろうとしたので、私は頭にきて何度も耳元で「お名刺いただけますか」と言いました。

すると彼はしぶしぶと名刺を差し出しました。その名刺を見ると隣のブースの会社の社長です。彼はお客様ではなくただの出展社だったのです。その横柄な社長がいなくなった隙を狙って隣のブースでソフトを見せてもらいましたが、お世辞にも褒められるようなものではありませんでした。

私は様々なソフトメーカーの社長と話をする機会があるのですが、その時に先ほどの横柄な社長の話が出ることがあります。みな口々に「あいつはひどい奴、嘘つき、システムがボロボロ」と散々な評判です。「やっぱりみんな感じることは同じなんだなぁ」と思いました。

私はパソコンソフトの草分けということもあり、VC（ベンチャーキャピタル）が私に意見を求めてくることも多いのですが、ある日、VCの人が「実はコレコレという会社に出資しようと思うのですがご意見をいただけますか」と聞きに来られました。そのVCが出資を検討している会社は、なんとあの時の横柄な社長の会社ではありませんか。私は「あの会社はやめておいたほうがよいと思います。なぜなら」とお話ししました。システムはひどくても社長の人柄が良ければ、私も少しは彼を持ち上げても良かったのですが……。そして最近、その会社は事業を譲渡。社長は自己破産しました。

商売をしているとライバル会社とのせめぎ合いや仕入先との価格交渉など様々なことが起こります。

しかし、決して恨まれるという所までやってはいけません。会社の経営は永遠に続く仕事です。将来いつかまた仕事で出会うこともあります。知り合いの知り合いが友達かもしれません。先方の会社が大きくなりあなたが仕事をもらう立場になるかもしれません。

時代の寵児ともてはやされた社長でいなくなった社長たちがたくさんいますよね。私も何人か知っていますが、総じてみんなから恨まれている社長です。彼らについて聞く話はたいてい「ひどい奴だ、慇懃無礼、あんな奴と金輪際、仕事はしたくない」という悪口です。恨みのパワーというは大きいのです。

その一方で、こんな例も紹介しましょう。

前職で営業マンだった頃、ある大きな会社のクレーム処理に行き、その会社の専務とお話ししたことがあります。

訪問する前は、カンカンに怒鳴られるだろうな、嫌だなぁ行きたくないなぁと思いましたが、お会いしてみると専務はすごく丁寧な方で、論理的に問題点を私に伝えてくれました。始終にこやかな方で君も大変だねとお声をかけていただきました。

その時私はこの会社のためにできることは何でもやってあげようと思いました。「実るほど頭を垂れる稲穂かな」なのです。

人のやることは7割くらいで考える

大きな会社は失敗を容認できる度量を持っています。小さな会社は社長自身のお金と会社のお金が一緒なので失敗は許されません。特にお金の失敗には非常に敏感です。だから何でもかんでも、社長に情報が集中するようにします。どんなに細かい決済、トイレットペーパーを買う、コピー用紙の裏を使えといったことにもいちいち社長が顔を突っ込んできます。昔、筆記用具や用紙などを金庫にしまっていた社長もいました。使いたい時には社長にお願いして金庫を開けてもらうのです。

またある社長は、お客様のところへ社員を行かせるのが心配で、全てのお客様を自分ひとりでまわり、ある日過労により救急車で運ばれてしまいました。

人のやることは7割できればいいやというくらいにゆるやかに考えるべきです。「そうかダメだったか。また頑張れ。よしこれでうちの会社もまた一歩前進だ」

全部を社長が取り仕切ろうなんて言う考え方では、決して大きな会社にはなりません。社員の失敗や間違いも大きな会社になるためのひとつの前進なのです。ここは重要なので後述します。

✕社長も『報連相』が必要

ある大きな会社のNo.2の社員が「社長が今何をやっているのか、何を考えているのか最近、全然わからないんです」と言っていました。私は「では社長にそっとお話ししてみましょうか」と返しました。

ある日、その社長に「社員の方とコミュニケーションはとれていますか」とお聞きすると、社長は「うちは、その点だけは大丈夫です。報連相が徹底しているからね。みんな何でも話し合える雰囲気もあるし」。

とれているようで、とれていないのがコミュニケーションなのです。

次は私自身の失敗談です。

昔の話ですが、会社でいちばん困っていたのが、社員と意思疎通ができないということでした。私が指示したことに対して、方向違いのトンチンカンなことをやってしまう。言われてもスグに忘れてしまうというひどい状況でした。そのため各部署がバラバラに同じことをやっていたり、逆に誰もやっていなかったり……。

そこでまず、社員みんなときちんと話をするという部分から私は改善しようと考えました。当時は社員の人数も少なかった上に、私が会議嫌いということもあり、必要に応じて私が社員に話しかける形で、自分の考えを伝えるようにしていました。その時の社員との会話です。

「ねえ、こういうこと、困っているんじゃない」

「ええ、そうなんです。一言声をかけてくれれば、こんな無駄なことをしなくてすむんですけどね」

「そうか、うちの会社で何が一番問題なのだと思う?」

「こんなこと改まって言うと、ちょっと角が立ちますけど、うちの会社って、報告、連絡、相談いわゆる〝報連相〟がないんですよ。みんなが勝手に決めて、勝手にやっている。でも僕らには何も知らされていない。突然、お客さんから『キャンペーン中なんだよね』なんて電話がかかってきて、ああ、そうなんだ。うちの会社、キャンペーンやってたんだ、みたいにお客様から初めて聞くようなことさえあるんですよ」

「そうだったのか。で、どうしたらいいかな?」

「こういうことをやるならやるで、いつからいつまで、こういうことをかくかくしかじかやるぞって、徹底して欲しいんですよ。グループウェアの掲示板に、まめに書き込むだけでも、だいぶ違うんですけどね」

「なるほどそうか。今のうちの会社だと、誰が何の担当なのかも良くわからないから、責任者は自分だという意識がないからかもしれないな」

「そうなんですよ。この間の新製品もそうですよね。突然、できましたって言われても……どういうコンセプトで、どういうことができるソフトなのか、まったくわからないのに、ハイできました。みなさん見ればわかります、あとはヨロシク。これでは、どうしたらいいかわかりません」


ここまで聞いて、はたと混乱の原因がわかりました。

犯人は社長である私でした。新製品は私がアイディアを出し、内容も私と一部の人間が相談して開発部に作成させたものです。コンセプトやどういう機能があるかなんて、「実際にいじってみればわかるだろう」ぐらいにしか考えていませんでした。

部下からの〝報連相〟がないことに、いつも腹を立てていた自分自身が、実はその〝報連相〟をしていなかったとは気づきませんでした。

考えるまでもなく、情報は下からのものもあれば、上からのものもあるわけで、下からのものだけを問題にしていた自分が恥ずかしい……。

まず、人を変えるより、自分を変えなければと思いました。それからは、社員に逐一、細かなことでも伝えるように努力しました。間もなく、社内から「少しだけど、意思の疎通がよくなった」という声が聞こえてくるようになりました。

小さな会社の頃には問題にならなかった意思の疎通は、会社が大きくなればなるほど難しくなってきます。報連相は、まず社長ご自身からスタートしてみてはいかがでしょうか。

ビジネスは交換作業

私は起業した時、ソフトはもちろん、プリンターのトナーやフロッピーディスク（死語かしら）、専用用紙、自社ブランドのパソコンも販売していました。

しかし今、これらは全て販売していません。25年の間、途中途中でひとつひとつ販売を中止にしていったからです。

「最近、トナーが売れなくなってきたから、トナーの販売は止めて違う仕事にシフトしよう」

こんな感じです。とはいえトナーが売れなくなってきた時でも、営業利益が数百万円ありました。決断には少し時間（とはいえ数分）がかかりましたが、やはり止めることにしました。その後、用紙やパソコン、フロッピーディスクの販売も止めていきました。その分、違う商品の開発や販売に力を入れていきました。

ビジネスは交換作業なのだと思います。陳腐化したものを止めて将来性のあるものへの交換、利益の少ない商売を切り捨てて利益の多い商売へ転換していきます。

もちろん、少しでも利益があるものをあっさりと切り捨てていくのは、もったいないと思ったことは何回もあります。

しかし切り捨てなければ次に行けないのです。大きな会社なら複合的にビジネスを行うこともできるでしょうが、小さな会社の場合には手を広げて何でもやると成長が止まってしまうのです。

私が起業した当時、社員が３人の会社がありました。社長は「ソフトウェアの総合商社を目指す。様々な会社が必要としているソフトを何でも提供できる会社にしたい」と言っていました。

そして25年後の今、その会社の社員数は３人です。売上も当時とほとんど変わっていません。

「少しでも利益が出れば何でもやる。欲しい人がいれば何でも売る。もったいないから切り捨てられない」

こういう会社は、こんな末路（？）をたどります。

会社経営はゴーイングコンサーン、継続していくのが素晴らしいんだよという人もいます。社長であることが目的ならば、それでも良いのでしょうが大きな会社を目指すのであれば、止める勇気をもって欲しいと思います。

税理士はケチらない

私は大学卒業以来、税理士にシステムを販売する仕事を続けてきました。税理士向けの本も何冊か出しています。口幅ったいですが税理士のことを一番よく知っている人間だと自負しています。

最近は税理士の顧問料もだいぶ安くなってきました。一昔前は会社の規模にもよりますが月額顧問料３万円、決算料20万円というのがひとつの相場でした。

しかし最近は、ジリジリと顧問料が下がり月額顧問料１万円以下の税理士事務所も出現してきています。同じなら安いほうが良いというのはわかりますが、実は内容が全然違うのです。東京ですと今、学生アルバイトでも最低時給は約900円です。月額1万円の料金は、何にもわからない学生が時給千円で10時間働いたのと同じということになります。言うまでもなく学生の時給より税理士の時給のほうが高いですよね。だから顧問料1万円だと税理士はほとんどあなたの会社の仕事はしません。

また安い顧問料の税理士事務所の場合には、あなたが渡した通帳や領収書から決算書をつくり申告する「だけ」です。

「えっ、それってみんな同じではないの」

こう思われるでしょうが、そうではありません。ある程度の顧問料、会社の規模にもよりますが月額3万円くらいの顧問料になると、データの精査はもちろん、節税のアドバイスも「きちんと」してくれます。借り入れしたい時には銀行を紹介してくれます。税務調査の時にも無料で対応します（有料の場合もあります）。あなたの会社に訪問もしてくれますし、資金繰りなど様々な相談にものってくれます。担当者とのそりが合わない場合には担当者の変更も可能です。

これが安い顧問料と高い顧問料の違いです。月1万円と月3万円ではこれだけの違いがあるのです。

また、あなたの会社の新入社員の月給はいくらでしょうか。それと比べれば月に3万円というのは安いものだと思いませんか？

ある税理士とお話しした時のことです。

「顧問先の社長がクレジットカードをたくさん持っているので、あまり使わないものは解約しなさいと言ったんだよ」

先生が語気を強めておっしゃるので、私は社長の身になって答えました。

「クレジットカードくらい何枚持っていても良いのではありませんか。銀行に言われて私も何枚かつくりましたよ」

すると先生はこう返してきたのです。

「クレジットカードをたくさんつくると銀行からの融資枠が、どんどん減ってしまうんだよ。たとえば個人事業を営んでいる人がカードを10枚持っていて、キャッシングの限度額が50万円だとする。そうすると銀行は、融資可能金額からこのカードの限度額分つまり500万円を差し引いて計算するんだ。銀行は性悪説を取るから、今は使っていないけれど使う可能性があるものは全て引き算するんだよ」

税理士の先生ならではのアドバイスです。

今、依頼している税理士は2014年に収入印紙の税金や交際費の内容が変更になったことを知らせてくれましたか？

メインバンクをどの銀行のどこ支店にするかアドバイスしてもらいましたか？

税理士の顧問料が安すぎる場合や税理士の性格（？）により、税務申告だけしかしてくれない人もいるのです。

とはいえ、高いから良いというものでもありません。税理士の選び方についてはインターネットサイト「税務顧問ドットコム」に記載しましたので、一読をお勧めいたします。

会社を大きくするターニングポイント

会社がスタートした頃、軌道に乗らない頃はとにかくがむしゃらに働くことが重要です。

・朝から晩まで働き一切休みは取らない
・お金は1円たりとも無駄にしない
・とにかく効率を重要視する
・社長が一番の営業マン
・何でもかんでも自分でやる

たしかに、これは創業時には大変重要なことです。ただその後、ある程度余裕ができても、ずっと同じようなことを繰り返していませんか？

社長と数人の社員でやっていた時は年間ひとりあたり1千万円の売上だったのに、社員を雇うたびに、どんどんひとりあたりの売上が下がっていきます。

そこで社長は社員の給与を下げ、残業をたくさんさせて何とか利益を確保しようとするでしょう。社長自ら新規顧客の獲得に走り回り、新たなマーケットを探し、様々なアイデアを出します。また、セミナーに行ったり異業種交流会で顧客を獲得しようとします。お酒は社員とではなく、会社外の人と接待で呑みに行きます。

こうした社長の弛まぬ努力により売上を伸ばし会社はまた『少し』大きくなってい

くのです。

しかし、実はこれが会社が大きくならない最大の理由なのです。

会社を大きくさせるにはターニングポイント、つまり今までとやり方を180度変える必要があるのです。社長が朝から晩まで働くことにより今より少しは大きくなるかもしれませんが、このやり方をそのまま推し進めていっても大きな会社にはなりません。いつまで経っても「社員が多い個人企業」なのです。

そして、社員が多いだけの個人企業には様々な問題が起こります。小さな会社の時には問題にならなかったこと、たとえば残業代の未払いで労働基準監督署に呼び出されたり、お客様からのクレーム、社員同士のトラブルなど枚挙にいとまがありません。社長の目が届くのは社員10名くらいまでです。社員が増えれば増えるほど様々な事件が起こり社長は、その後処理に忙殺されます。

小さな会社から脱却するにはいつか必ず、会社の方向転換を行わなければなりません。

6 大きな会社になるために

たとえば、吉永小百合、薬師丸ひろ子などはイメージチェンジの成功例です。彼女たちは昔、ミニスカートをはいて映画やTVに出ていましたが、今は熟女というか良い女、良いお母さんにイメージチェンジをして成功しました。

つまり、今まで社長が培ってきたもの、組織、仕事の流れ、会社のしくみなどを全て壊して再構築することが大きな会社になるためのカギと言えます。

では、どうしたら良いのでしょうか?

それは大企業を見習うことです。小さな会社の社長は今まで小回りの良さ、素早い意思決定、行動力、アイデアで会社経営を行ってきました。それが社長の長所です。社長の類まれなその才能があったからこそ、ここまで来られたのです。大企業ではできないスピード感が成功の秘訣でした。

ところが、大きな会社になるとそれこそが短所になってしまうのです。今までなら、社長のアイデアで会社を勝利に導くことができましたが、大きな会社になればなるほど社長の考えは届かず、細かい所に目を配れません。そして様々な問題が起こります。

大企業は、仕事の進め方や意思決定が遅いとよく言われます。社内でいつも無駄な会議を繰り返す、いろいろな人への根回しなど仕事以外のことで面倒なこともあります。

一方で、これこそ小さな会社が、大企業に勝てない理由でもあるのです。大企業は個々の人が役職に応じて意思決定をしているのです。だから大量な意思決定や行動を同時に行うことができるのです。

社内的な情報交換は「居酒屋」で行われます。大企業の人は基本的に外部の人と飲みには行きません。社内の人とだけです。大企業は中小企業とはまったく逆の理論で動いています。

大きな会社になるためには大企業を見習うことが必要です。つまり社長が意思決定しなくても動ける組織、アイデアをみんなで出しあう組織、品質を高めミスを未然に防ぐ仕組みを社員たちが話し合い、自らが創っていくという「組織」をつくるべきなのだと思います。

正直、社長から見たら、たいしたアイデアは出ない、なんか面倒なことやっているな、こんなの会議じゃないよ。「おいおい、そんなことしていて大丈夫かなぁ」ということの連続だと思います。

しかし、それでいいのです。意識的に社長の意思決定を少なくし、効率を『意図的に』下げることが重要です。

もちろん、野放図に勝手にやらせるということではありません。会社として大きな問題になるようなことにはきちんとダメ出しをしてあげるべきです。

もし、会社に致命的なダメージを与えるようなものでなければ「まぁいいか」と広い心でやらせてあげるべきです。非効率にすれば会社が大きくなるわけではありませんが、会社が大きくなるためには非効率なことも必要ということです。つまり非効率を容認するということです。

「自ら考える社員をつくり、自ら行動できる組織をつくる」

これが会社を拡大していくためには必要不可欠なのです。

今まで社長が創りあげてきたムダのない効率的な「筋肉質」の会社から、社員自らが個々に意思決定をする少し脂肪のついた「ぽっちゃりした会社」。実はこれが大きな会社への道なのです。

Column

あなたの社長力はどのくらい？

結構話題になったので、すでに診断されている方もいらっしゃると思いますが、フェイスブック（以下ＦＢ）で社長力を診断する無料アプリを2つつくりました。

【検索】社長融資能力武将診断

【検索】社長力武将診断

文字通り、あなたの社長力を問う診断です。銀行からのお金の借りやすさと会社の経営能力を診断します。

社長融資能力武将診断は、融資コンサルタントの中で、私が知る限り最高レベルの、徳永貴則氏のノウハウでつくったＦＢアプリです。会社経営というのはお金がなければ始まりません。「なんか最近、銀行さんが冷たいんだよな。お金貸してくれないのはなぜだろう」と感じる方はやってみてください。ちなみに私の診断結果は「普通の社長」でした。ホントは自信あったんですけどね……。

社長力武将診断は、その名の通り社長としての経営能力を武将で表現した社長力の診断テストです。会社経営は時に、思い切った行動や非情な決断をしなければなりません。あなたがそれをできるかどうかという診断です。

私の独自の感覚でつくった偏見に満ちたテストですから、あまり点数が良くなくても気にしないでください。とはいえ、私のまわりで成功している人、失敗している人を参考にしてつくったので、さほど外れてはいないと自負しております。もちろん本書を読まれた社長は、たぶんTOPの「天才社長」だと思いますが……。

その後は「切れ者社長」「優秀な№2」「普通の社長」「そこそこ社長」「親方」「サラリーマン」「職人」「ドリーマー」と続きます。ちなみに私の知り合いにやってもらいましたが「普通の社長」という人が多かったですね。

解答（と言えるかどうかわかりませんが）は敢えてここには書きませんが、本書をお読みになった方はなんとなく解答がわかると思います。それでも、もし知りたいという方はまぐまぐのメルマガ「小さな会社の社長の戦い方」に記載してありますので、ご覧ください。

第7章

未来を予測して行動する

未来は身近でわかる

私は、政治家や経済評論家の話を聞いて未来を予測しているわけではありません。普通に生活していて何となく昔と違うなということから予測しています。三十数年前、私が高校生の時、喫茶店というのは悪い学生たちのたまり場、隠れてたばこを吸う場所でした。

しかし、今は勉強している学生とおじいさんたちのたまり場となっています。こうした変化から将来を予測するのです。

たとえばスーパーマーケット（以下スーパー）の未来を予測してみます。20年程前、近所のスーパーには30代40代の女性がたくさん買い物に来ていました。子どもたちもスーパーの中を走り回っています。

では今はどうでしょう。スーパーに買い物に来ている人は年齢が上がり60代、70代の女性が多くなりました。おじいさんの姿もちらほら見かけます。ではここからどんなことが予測できるでしょうか（左図）。

スーパーマーケットの未来

気づいたこと

・昔と比べてスーパーに高齢者が増えてきた。
・高齢者は支払いが遅く、いろいろ質問してくる人が多い。

仮説

・レジに配置する人を増やす必要がある。
・ポイントカードや自動精算、駐車場の IT 化を進めているならば説明できる人が必要になる。

結論

・人件費が将来、今より多くかかる可能性が高い。
・IT 化を進めれば進めるほど人件費がかかる可能性がありそう。

アイデア

・昔ながらの非 IT のお店にしたほうがコスト削減、親切な対応により売上 UP につながるのではないだろうか。

これは予測の一例ですが、よく観察してみると違った予測もできるでしょう。

次は前述した喫茶店で予測を行ってみましょう。


おそらく左図のような予測ができるのではないでしょうか。

「でも自分の商売は食品スーパーでも喫茶店でもないし……」

いえいえ、未来の予測、次のビジネスというのはどんな現象からも読み取れるのです。あなたの業界の昔と今を比べてみれば良いのです。

昔はお惣菜を買う人はほとんどいませんでした。社会人になったら車の免許を取るのは当たり前でした。デパートでの買い物は家族の娯楽でした。

しかし今、それはどうなっているでしょうか。未来予測をするには身近なものの変化から読み取ればよいのです。

喫茶店の未来

気づいたこと

・最近、昔と比べて喫茶店におじいさんが増えてきた。

仮説

・男性はずっと外で働いてきたので家にずっといるという習慣がない。おじいさんたちは喫茶店に行きたいわけでなく、居場所がないのではないか。

結論

・そもそもやることがない。

アイデア

・おじいさん向けの起業塾、ボランティアの仕事、レクリエーションを企画する。

・勉強したり話をしたりする小さな会議室、スペースをレンタルする事業。

20年後の業界の姿を逆算する

数年後の未来、あなたの業界はたいして変わっているように思えないでしょう。本当は、日々少しずつ変わっているのですが、自分がいる業界というのはなかなか変化に気づかないものです。

では、質問を変えます。あなたの業界の20年後はどうなっているでしょうか？　かなり変わっているのではありませんか？

１９９３年頃にオフコンメーカーと合同で税理士向けにセミナーを行った時のことです。

私はセミナーで「これからの税理士はパソコンを使うようになるでしょう」とお話しました。当時の税理士業界はオフコンがメインでした。セミナー中、各所から失笑が聞こえてきました。

「税理士がパソコンなんていうおもちゃを使うわけないじゃん」

実は、しゃべっている私でさえ税理士がパソコンを使うようになるには、あと20年はゆうにかかるだろうと思っていたくらいでした。

しかし、その後10年も経たずに税理士業界はパソコン一色になりました。

未来を予測できれば、今は小さな会社でも必ず勝つことができます。

まず、あなたの業界の20年後の姿を予想してみてください。正確でなくても良いのです。今起こっていることの中にそのヒントが隠れているのです。書籍はタブレットやスマホで読むのが当たり前になるでしょう。映画のＤＶＤはなくなり、見たい時にいつでも見られるネット配信型が普通になるでしょう。音楽は無料化されコンサートや関連商品で儲けるようになるかもしれません。

未来につながる「小さな芽」をあなたも考えてみてください。あなたの業界の昔と今を比較し、明日を予測してみてください。

みんなの心配事は結構、正しい

経営者でなく普通の人でも将来、年金は大丈夫かなぁとか日本の国債はどうなるのかなぁと言ってます。

これも未来予測ですよね。人間はあまり良くない未来だと信じたくないものです。しかし、こういうみんなが普通に心配していることは結構、当たっているものです。

2025年には60歳以上が1／3を占めますから、普通に考えて政府が何をしても日本のGDPが上がるはずはありません。年金も膨大な額になります。年金は制度上、破綻はしませんが支給は70歳から、受け取る金額は今の数分の1でしょう。

国債、つまり国の借金は返せるはずがありませんから最終的には大幅な円安になりますし、かなり大きなインフレが起こるでしょう。もちろん株も下落します。

普通に考えてみればわかることなのですが、将来の不安に目をつむりたいという自己バイアスによって将来は楽観的に考える人が多いようです。別に恐怖をあおっているのではありません。社長は「未来に起こる現実と向き合う」ことで今後どうしたほうが良いのかを判断しなければならないのです。

小さな会社に大チャンスが訪れる

今後、日本はいまだかつてない大変革期に突入します。金融について言えば円安はこのまま加速していくと思われますので、輸入が前提の業種は厳しい状況になりそうです。逆に日本の商品を海外へ輸出するというビジネスは良いかもしれません。

また、インフレが急速に進みますから銀行からお金を借りておくのは良いと思います。銀行金利ももちろん上がっていきますが、インフレが銀行の金利を追い越していくでしょう。円安によりお金の価値がどんどん下がっていきますから、海外からの旅行者は増えていくでしょう。外国人向けのビジネスは一気に儲かるかもしれません。金融だけでも様々な予測をすることがおわかりかと思います。

蛇足になりますが、国債の金利が上がったらそろそろ用心が必要です。国債の金利が3％を超えた時、数ヵ月以内に日本に何かが起こります。国や地方自治体から仕事をもらう商売はかなりリスキーだと思います。公共事業がなくなっても会社が存続するしくみをつくっておきたいものです。

年金破綻からも新しいビジネスが考えられます。年金の支給開始年齢が70歳になり、支給額が減るということは、高齢者ものんきにしてはいられません。ですから「働く高齢者」という言葉がビジネスのキーワードになるかもしれません。

悲観的な未来や国債や年金が破綻するというと何か大変なことが起こりそうだ、心配だと思うかもしれませんが、小さな会社にとってこれは大チャンスなのです。

今まで通りの日本の社会では我々のような小さな会社はいつまで経っても大きな会社には勝てません。

ただし、このような変革期には、小さな会社が大逆転できる可能性が非常に高くなります。日本がひっくり返るようなこの機会は生きているうちに一度あるかないかの素晴らしい大チャンスなのです。

成功は人によって違う

本章の最後はあなたに考えていただきたいことです。本書では会社を繁栄させるには、大きくするにはといった話をしてきました。

しかし、そもそもそれは成功なのかというお話です。

成功とはお金持ちになることなのでしょうか？

知り合いの会社の社員で売上がＴＯＰで年収1億円以上の営業マンがいます。彼は大きな家に住み、ロールスロイスもフェラーリも所有しています。もちろん別荘も持っています。

その彼が今、一番興味のあることは何かというと会社でTOP営業マンでいることだそうです。お金ではないんです。プライドなんです。そのため彼は朝、誰よりも早く会社に行き、一番遅くまで仕事をしています。

あるベンチャー企業の社長は会社を売却し、十数億円のお金を手に入れました。彼は当初、今まで欲しかったもの、高価なものをたくさん買いました。有名なレストランで美味しいものを好きなだけ食べました。

そして今、彼はどう生活しているかというと昔のような生活に戻ったそうです。独身ということもあり毎日、牛丼屋で夕食を食べています。

お金がなくなったわけではありません。お金を使うことに飽きてしまったのです。人間が使えるお金には限界があるのです。朝昼晩、毎食1万円の食事をしても年間で1千万円くらいしか使えません。毎年1億円のお金を使える人はいないのです。

成功とは、会社が大きくなってまわりからチヤホヤされることでしょうか。

創業者としてゼロからスタート。人に言えないような苦労をし、年商数十億円、社員数も100人以上になった。

これで満足でしょうか？

サラリーマン社長が経営する年商1千億円の会社と比べたら、年商数十億円の会社なんてステータスもなければ、社会的な地位もありません。

「ああ、君も頑張ったんだね。何か仕事を発注してあげようか」

サラリーマン社長に言われるだけです。会社を大きくするという野望にも果てがないのです。

朝から晩まで仕事をして家族とは疎遠になり、家族が崩壊。会社の売上低下に悩み、資金繰りで苦しむ。

たとえ最終的にお金持ちになったとしてもこれは成功者なのでしょうか？

今は1円でもお金が欲しいという気持ちはよくわかります。私も長い間、お金のためだけに働いてきました。

ただ、ちょっと儲かった時、少し余裕ができた時に考えて欲しいのは、自分にとっての成功は何なのかということです。

成功というのは人それぞれなのです。自分の言うことをハイッと聞く人間、部下が多いことに成功を実感する社長もいます。

お金持ちになって今まで買えなかった高価なものを買ったり美味しいものを腹いっぱい食べたいという社長もいるでしょう。

名前が売れて人からチヤホヤされたい、まわりの人から尊敬されたいという社長もいるでしょう。

ただ、その果てにあるものは何なのか、それで自分が成功を噛みしめることができるのか。こうしたことを少しで良いですから考えてみたらどうでしょうか。

P・F・ドラッカーの本（『プロフェッショナルの条件』ダイヤモンド社）に『私が一三歳のとき、宗教のすばらしい先生がいた。教室の中を歩きながら、「何によって憶えられたいかね」と聞いた。誰も答えられなかった。先生は笑いながらこういった。「今答えられるとは思わない。でも、五〇歳になっても答えられなければ、人生を無駄にしたことになるよ」』と書かれていました。

これが将来ずっと自分自身に問いかけるべき質問なのかもしれません。

檄

大きな声で叫ぶのだ。
みんなから何をやってもダメな奴と軽蔑されていた君。
大きな声で叫ぶのだ。
子供の頃から買いたいものも買えず、ずっと頑張ってきた君。
大きな声で叫ぶのだ。
お客さんからもう来るなと叩きだされてきた君。
大きな声で叫ぶのだ。
客先の玄関で笑顔を浮かべて心で泣いている君。
大きな声で叫ぶのだ。

胸を張って叫ぶのだ。
俺は今ここにいると叫ぶのだ。
大きな声で叫ぶのだ。

■著者略歴

井上　達也（いのうえ・たつや）

1961年生まれ。株式会社フリーウェイジャパン代表取締役。株式会社日本デジタル研究所（JDL）を経て1991年に株式会社セイショウ（現、株式会社フリーウェイジャパン）を設立。当時としては珍しく大学在学中にマイコン（現在のパソコン）を使いこなしていた経験と、圧倒的なマーケティング戦略により、業務系クラウドシステムでは国内最大級のメーカーに急成長させる。中小企業のITコストを「ゼロ」にするフリーウェイプロジェクトは国内の中小企業から注目を集め5万ユーザー（2015年3月現在）を獲得。多くの若手経営者の支持を集めている。著書に「新しい税理士事務所のつくり方」「大学生が就活の前に読む本」（明日香出版社）などがある。

本書の内容に関するお問い合わせ
明日香出版社　編集部
☎(03) 5395-7651

小《ちい》さな会社《かいしゃ》の社長《しゃちょう》の勝《か》ち方《かた》

2015年　3月　19日　初版発行
2015年　4月　4日　第7刷発行

著　者　井《いの》上《うえ》達《たつ》也《や》
発行者　石野栄一

明日香出版社
〒112-0005 東京都文京区水道2-11-5
電話 (03) 5395-7650（代表）
(03) 5395-7654（FAX）
郵便振替 00150-6-183481
http://www.asuka-g.co.jp

■スタッフ■　編集　早川朋子／久松圭祐／藤田知子／古川創一／余田志保／大久保遥
営業　小林勝／奥本達哉／浜田充弘／渡辺久夫／平戸基之／野口優／横尾一樹／田中裕也／関山美保子／板垣徹　総務経理　藤本さやか

印刷　株式会社文昇堂
製本　根本製本株式会社
ISBN 978-4-7569-1759-1 C2034

編集担当　古川創一

姉妹本、絶賛好評発売中！
本書と併読をオススメします！

小さな会社の社長の戦い方

井上　達也

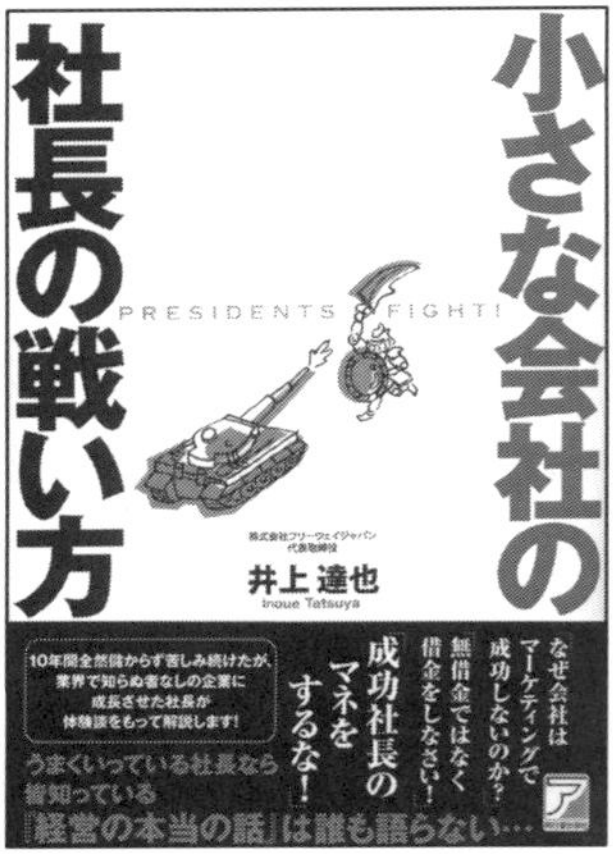

中小企業と大企業では、儲けの構造が異なる。ゼロから起業し、4,000 社以上顧客を増やし急成長させた社長が、中小企業がとるべき経営手法やマーケティング手法を教える。

定価 1500 円＋税　B 6 並製　240 ページ
ISBN978-4-7569-1460-6　2012/11 発行

・成功者のマネではなく、失敗者の逆をする
・小手先のマーケティングではうまくいかない
・勘違いが経営判断を迷わせる
・経営計画の立て方を変える
・社長が気をつけるべき対人関係とは
・社員をどのように育てていくのか
　など、本書とは違う観点で経営手法を説いています。